Paul de Lagarde

Anmerkungen zur griechischen Übersetzung der Proverbien

Paul de Lagarde

Anmerkungen zur griechischen Übersetzung der Proverbien

ISBN/EAN: 9783744618144

Hergestellt in Europa, USA, Kanada, Australien, Japan

Cover: Foto ©ninafisch / pixelio.de

Weitere Bücher finden Sie auf **www.hansebooks.com**

ANMERKUNGEN

ZUR

GRIECHISCHEN ÜBERSETZUNG

DER

PROVERBIEN

VON

LIC DR PAUL DE LAGARDE,
COLLABORATOR AM FRIEDRICHS-WERDERSCHEN GYMNASIUM
ZU BERLIN.

LEIPZIG
F A BROCKHAUS
1863.

auf kosten des verfassers in der akademischen buchdruckerei zu Berlin gedruckt.

Die blätter, welche ich hiermit der gelehrten welt vorlege, werden zunächst keine sehr freundliche aufnahme finden: denn die in ihnen ausgesprochenen überzeugungen stehn in scharfem gegensatz zu allgemein geltenden ansichten, die in ihnen angewandte methode ist eine andre, als die durch lange gewöhnung geheiligte der herrschenden theologie. theoretische auseinandersetzungen würde die mitwelt nicht beachten, die nachwelt wird sie nicht nöthig haben. ich benutze daher den mir gebliebnen raum lieber dazu, ein paar bemerkungen mitzutheilen, welche ich während der zur ausarbeitung meines buches nöthigen studien gemacht habe. ich weifs für sie keinen andern platz, als diesen titelbogen. sollte mir (was ich nicht glaube) jemand in der emendation der gleich aufzuzählenden stellen zuvorgekommen sein, so bitte ich überzeugt zu sein, dafs ich seinen namen nicht mit absicht verschwiegen habe [1]).

Gen 38, 16 ist אֶל zu streichen, denn die construction kann nur dieselbe sein wie Gen 39, 21. der kopist wollte אֵלֶיהָ noch einmal schreiben, sah aber, als er beim zweiten consonanten war, dafs das wort schon dastehe, und liefs es deshalb unvollendet, aber aus nachlässigkeit oder aus gutem glauben an die einsicht seiner leser ohne die athetierenden punkte.

Reg α 9, 12 ist לְפָנֶיךָ מַהֵר in לִפְנֵיכֶם הָרֹאֶה zu ändern. wollte man sich auch gefallen lassen, dafs die mädchen den Saul als herrn allein anreden und darum לְפָנֶיךָ und מַהֵר sagen, obwohl es vorher וַיֹּאמְרוּ und nachher כְּבֹאֲכֶם heifst, so bleibt doch מַהֵר selbst auffallend. war der seher in die stadt gekommen um das opfer zu segnen und mit zu verzehren, so war für Saul keine eile nöthig. Samuel tritt nachher erst aus seinem hause

---

[1]) im begriffe mein manuscript in die druckerei zu geben, finde ich, dafs RLowth Isaj 30, 12 ebenso corrigiert hat wie ich.

um zur בָּמָה zu gehn, und die mädchen werden in dem kleinen
nest wohl gewußt haben, wann geopfert und gegessen werden
sollte, also auch, daß die feierlichkeit zu der zeit, als sie mit Saul
sprachen, noch nicht angegangen war. nun opfert und ißt es
sich nicht so schnell, daß nicht Saul, selbst wenn die leute schon
versammelt gewesen wären, den weg vom brunnen des städtchens
zum opferplatze in aller bequemlichkeit hätte gehn können, ohne
fürchten zu müssen den seher nicht mehr zu treffen. LXX hatten
בְּיָהֵר nicht, τάχυνον A ist späterer zusatz: בְּיָהֵר wird meistens
ἔσπευσε gegeben.

Reg a 31, 10 = Paral a 10, 10 תְּקְעוּ sehr הִקְעִי = הִתְקִיעִי.
was יָקַע bedeutet, zeigt سقع: wer wird sagen, daß man einen
leichnam in die mauer eingeschlagen? zu יָקַע = وقع gehört مِبقَعة
pfahl zum aufhängen von kleidern.

Isaj 30, 12 בְּנָקֵשׁ sehr בְּנֶקֶשׁ. denn was in dem zusammenhange bedrückung soll, ist nicht einzusehn, und נָקַשׁ steht auch
Prov 2, 15 neben לוּז. die construction zu vergleichen mit der
bei Ibn Khaldûn berberi I 276, 16 فبين ثكلى وعاوئذ ومسقدئة جنينا,
[geheul der weinenden] und zwar zwischen einer kinderlosen und
einer heulenden und einer die das embryo fallen läßt: Harîri II
introduction 13 [Reinaud] الرعبة بين مرعوب ومنكوب das volk ist
zwischen einem in furcht gesetzten und einem niedergeschlagenen.
so hier und weil ihr euch verließet auf einen krummen und einen
. . . . .; denn was לוּז bedeutet, weiß ich nicht.

Isaj 44, 13ª hatte der Grieche nur חָרָשׁ עֵצִים נָטָה קָו
בַּמַּקְצֻעוֹת יְתָאֲרֵהוּ = τέκτων ξύλον ἔστησεν ἐν μέτρῳ καὶ
ἐν σμίλῃ ἐρρύθμισεν αὐτό. in unsern hdss steht vor τέκτων noch
ἐκλεξάμενος, zwischen ἔστησεν und dem ersten ἐν + αὐτό, und
κόλλῃ für σμίλῃ. ἐκλεξάμενος hatte schon JChDöderlein in
ἐκλυόμενος geändert und als vertreter von וַיְתָאֲ an 12ᵇ abgegeben:
αὐτὸ wurde erst zugesetzt, als man ἐκλεξάμενος zu lesen und
mit 12ᵇ zu verbinden angefangen hatte. zu meinem σμίλῃ vgl
בְּאִזְמֵלְיָא des targum. im archetypus stand 'בְּמִקְצֻעוֹ: den strich
lösten die Masoreten mit ־ auf, der Grieche las ihn ה. der Syrer
hängt hier vom Griechen ab: er fand schon ἐκλεξάμενος und
κόλλῃ; וַיְתָאֲרֵהוּ 12ᵇ übersetzt er ܘܕܒܩܗ [Athan ܣ 16 ܠܨ 5],
ohne zu ahnen, daß sein ܠܒ 13 schließlich auf eben diesen satz
zurückgeht.

Hierem 2, 24 הָאֲנָיָה sehr הַתַּאֲנָיָה: von אָנָה Exod 21, 13 sollte ein hauptwort mit der bedeutung *occursus venereus* herkommen können.

Ezech 20, 37 lesen die LXX בְּמִסְפָּר und haben das deutlich genug aus dem folgenden כְּפִי־ entstandene הַבְּרִית nicht gehabt.

Ezech 43, 11 hat der schreiber, da er den ersten buchstaben eines ihm vorliegenden wortes nicht lesen konnte, die beiden möglichen lesungen וְכָל־תְּהוֹתָיו וְכָל־חֻקּוֹתָיו hintereinander geschrieben: eine der beiden mufs weichen. ähnlich überträgt der interpret der didascalia 98, 22 sowohl πεισῖν als πεσεῖν, da er nicht weifs, wem er den vorzug geben soll. und zum schaden der an diplomatische kritik nicht gewöhnten theologen stehn in den Recognitionen III 1 die worte *et post haec* bis *vanitatem* jetzt neben den kapiteln 2-11, über deren aus dogmatischen gründen erfolgte weglassung sie hinweghelfen sollten.

Ioel 2, 8 יִבְצָעוּ sehr יְבַצֵּעוּ, denn dem שָׁלַח gegenüber kann nichts in frage kommen, als verwundet oder nicht verwundet werden. und בצע I findet sich, wenn man genauer zusieht, nur in der redensart בֶּצַע בָּצַע.

Amos 9, 1 haben die Masoreten, wie die vokale zeigen, בְּצָעָם gar nicht von בֶּצַע hergeleitet. angenommen einmal בְּצָעָם sei so viel als בִּצְעָם und כַּף bedeute hier *superliminare*, was sagt dann die stelle? es bekommt jemand den auftrag den כַּפְתּוֹר nicht zu zerschlagen, sondern zu schlagen, dafs die סִפִּים — herunterfallen? bewahre, dafs sie wackeln. da die erfüllung der aufgabe für den propheten zu schwer gewesen sein würde, kann die anrede nach der meinung der ausleger nur an einen engel gerichtet worden sein: da sich ein solcher im text nicht findet, wird er ergänzt. für verständige commentatoren ist nun ohne weiteres klar, dafs die arbeit dieses unsichtbar sichtbar gegenwärtigen wesens damit noch nicht zu ende ist, dafs es die überschwellen des tempels zum schwanken bringt. denn hätte es weiter nichts gethan als dies, so würde der erfolg seiner anstrengung wohl nur der gewesen sein, dafs der gläubigen gemeinde räthlich erschienen wäre, das gebäude mit einiger geschwindigkeit zu verlassen. es gilt daher diesen theologen auch für ausgemacht, dafs das folgende im engsten zusammenhange mit dem vorigen steht: und wirf sie [die סִפִּים] auf dem kopfe aller entzwei. die *superliminaria* sind ja

aber gar nicht in der hand des engels: sollte er sie zum werfen
brauchen, warum wird er mit dem schlagen des בְּכֵתֹי aufgehalten?
ein engel hätte sie doch wohl ohne solche vorbereitung aus dem
mauerwerk herausbekommen. und noch mehr: nicht dem gottlosen volk geschieht etwas, sondern den unschuldigen quader-
steinen; nicht die köpfe der Juden werden von den כֵּפִים zer-
schmettert, sondern die כֵּפִים gehn an den köpfen der Juden in
stücke. nun weifs ich zwar aus Exod 32, 9, dafs Israel ein עַם
קְשֵׁה־עֹרֶף war, aber nirgends steht geschrieben, dafs die schädel
der Hebräer so hart gewesen sind, dafs die überschwellen eines
tempels nicht sie zerschmetterten, sondern an ihnen zerschellten.
man sieht, zu wie vielen bedenken die gewöhnliche erklärung des
verses veranlassung giebt; aber die dieser erklärung zu grunde
liegenden annahmen sind auch völlig ohne grund. man ver-
urtheilt sich selbst, wenn man sagt, nur an dieser stelle stehe
בְּצֵעַ für בֶּצַע, und nur an dieser stelle bedeute כַּף überschwelle.
da Amos mit der hebr orthographie auf keinem zu gutem fufse
steht, wird erlaubt sein בְּצֵעַ = בֹּצֵעַ Habac 3, 12 zu nehmen.
wenn man nicht ז für צ korrigieren will. כַּפְתֹּר und כַּף stehn
sich hier gegenüber wie etwa כַּף und אֶגְבֹּל. der prophet hat
sich erst bildlich ausgedrückt, dann redet er zur erklärung seines
bildes von רֹאשׁ und אַחֲרִית. vgl Eurip Iphig taur 48. 49.

Iob 11, 12ᵃ ἄλλως νήχεται λόγοις. für ἄλλως 138 256
αλλος, die akten des concils von Ephesus 187, 19 [Sylburg] ἀλοὐς,
Schleusner rieth auf ἄνους. sehr ἄνους ἐνέχεται λόγοις. für
יְלָבֵב las der übersetzer יַחֲבֹש: ܚܒܫ ܠ κατεῖχε Reliqq 69, 15 Tit
Bostr 3, 10: ܚܒܫ κατέχει 21, 22. 80, 8: κατεχόμενος 13,
24. 30, 2. 31, 13. 77, 18. 23. 78, 8. Symmachus gab יִלָּבֵב
durch θρασύνεται wieder, was bei 161 248 am rande steht, in
y in den text gekommen ist: ܐܫܬܪܚ ἐθάρσησε Clem recogn
125, 17: ܟܫܝܠܐ θαρσαλέως Analecta 169, 3. ܟܫܝܠܐ
ܟܫܝܠܬ݂ܐ θαρσαλέως Tit Bostr 33, 10: ܗܘܐ ܚܫܝܠ ܡܢ θαρ-
σαλεώτερος ἐγένετο 15, 25. zu Prov 13, 14ᵇ.

Iob 16, 4 אַחְבִּירָה sehr אַחֲרִיבָה. denn פֶּה הָרִים ist ganz
gewöhnlich, הֶחְבִּיר kennt niemand. auch verlangt das parallele
אֲנִידָה als seitenstück ein wort mit sinnlicher bedeutung.

die gewöhnliche erklärung von Iob 27, 8 setzt voraus, dafs
יֵשֶׁל und יְבַצַּע dasselbe hinter dem verbum stehende subjekt und

objekt haben: bis man ein unzweifelhaftes beispiel solcher construction beigebracht haben wird, muſs ich sie für ganz und gar unsemitisch halten. dazu kommt noch, daſs trotz dieser entsetzlich engen verbindung der versglieder zwei verschiedne bilder dem ausdruck zu grunde liegen sollen. daſs die seele abgeschnitten werde, ist mir ebensowenig bekannt als ein zeitwort שָׁלָה = herausziehn. endlich scheint mir bei der üblichen auslegung vorausgesetzt werden zu müssen, daſs nicht allein der verfasser des buchs den glauben an eine fortdauer der seele nach dem tode gehabt, sondern daſs alle welt ihn mit dem dichter getheilt. ein schreien des sterbenden um gnade im christlichen sinne ist nicht alttestamentlich: man bat um erhaltung des lebens, das übrige fand sich; und die צְרָה 9^b ist nach dem sprachgebrauch nicht der todeskampf. das ב von יבצע gehört zu dem jetzt אֱלֹהַּ punktierten vorletzten worte von 8^b. schr · כִּי בַּהֲתַקְנֵת הֹנֵס כִּי יִצַּק כִּי יִשְׁאַל בְּאֵלָה נַפְשׁוֹ. in יִשְׁאַל ist wieder הֹנֵס subjekt, = נַפְשׁוֹ arab nafsahu. Iob 31, 30^b.

Prov 4, 10^a אֲמָרָי וְקַח שְׁמַע אֲמָרָי ist nicht hebräisch. wer אֲמָרָי als accusativ mit den zwei imperativen שְׁמַע und קַח verbinden wollte, muſste שְׁמַע אֲמָרַי וְקָחֵם sagen. schr שְׁמַע לְקַח אֲמָרָי.

Prov 4, 14^b תְּאַשֵּׁר schr תָּשׁוּר. der schreiber des archetypus hatte תְּאַשֵּׁר gemeint.

Prov 12, 17^a יָפִיחַ schr יָפֵחַ (Ps 27, 12), sonst hätte das hemistich kein subjekt.

Sophocles Electra 125 ἁλόντ' ἀπάταις schr ἁλόντα πάγαις. daſs dies metrisch besser ist, liegt mir im gefühl: ἀπάταις scheint mir nach δολερᾶς 124 matt.

[Pseudo-]Xenophon Agesil 11, 11 φαυλότητι schr ἀφελότητι.

Cicero pro Sestio 110 *rem paternam ab idiotarum divitiis ad philosophorum regulam perduxit.* schr *paenulam*: gemeint ist der τρίβων oder ἄχρηστος φαινόλης Athenaeus γ 52.

Philo I 306 § 10 τῶν σὺν ἡδονῇ βλαβερῶν τὰ μετὰ ἀηδείας ποιοῦσιν ὠφέλιμα schr προκρίνουσιν.

Seneca Hercules 15 für *tellus* schr *Delus*.

ס Prov 2, 19^b صنيحىم schr صنحهم: اﻳن κατέλαβε NT Tit Bostr 5, 11. 21, 9. 64, 34. 35. 70, 29. 34.

ה Prov 5, 22^b صنحه schr صنحه wie bei Athan ᴌ 11 steht. unter Athanasius verstehe ich nur dessen festbriefe, wie unter Cyrillus nur den von RPSmith herausgegebnen commentar zum Lucas.

ich habe s 7 μαρσίπιον drucken lassen, da das von μάρσιπος Xenophon Anab δ 3, 11 abgeleitete wort deutlich semitischen ursprungs ist, und die form מַרְשִׁיל ihr ל nicht verdoppelt. zu den Reliquiae graec xxvi xxxvii aufgezählten griechischen wörtern gleicher herkunft füge ich jetzt noch hinzu: ἅρπη חֶרֶב [Bochart], βότρυς בֹּטֶר, κίβδηλος صرف vgl Scaligerana 51, λαὸς לְאֹם, λόγχη רֹמַח, ῥάβδος שֵׁבֶט [auch im namen des buchstaben erweichte sich ב; die alten sagten λάβδα, daher die Kopten ⲗⲁⲩⲇⲁ], ῥίον ـس [σ zwischen zwei vokalen fällt aus], σής עָשׁ [Bochart, Garcin zu Azzeddin 199], ὕβρις עֶבְרָה. da עָשׁ arabisch سوس lautet, müfste es nach dem unumstöfslichen gesetze, dafs ס einem שׁ entspricht, im syrischen mit ܣ anfangen: σής ist also aus einem andern semitischen dialekte entlehnt als κίβδηλος und ῥίον. dafs das nationale leben der Griechen im hohen alterthume im westen am stärksten war, scheint mir daraus hervorzugehn, dafs der gegensatz zur fremde dort am nachdrücklichsten empfunden wurde. Αἰτωλία steht nemlich zu Ἰταλία (वत्सल = vitulus = ἰταλός) in demselben verhältnisse wie Andrán zu Erán ¹). vgl zu 23, 31ᵇ.

ist μαρσίπιον semitisch, so ist dafür כִּיס indogermanisch. neben كيس stellt Freytag IV 74ᵃ persisches كيسه: das ist քսակ, in welchem worte die endung regelrecht neu-persischem s entspricht [Βατιάκη ²) φιάλη περσική Athenaeus ια 27 = باديه, woher arabisch باطيه Freytag I 133ᵃ]. ք freilich fällt auf, da ք in semitischen wörtern ף [քոռ aus פוֹר = כֹּבֶשׁ] und ה [ձաւրիք = فاضل], in echtarmenischen nur ձ = ख ग घ क्ष = خو vertritt. כִּיס ist քսակ.

---

¹) für die sprachverhältnisse des ältesten Griechenlands ist mir seit lange Ilias ω 316 wichtig, wo ich vor θηρητῆρα ein komma setze. որսալ jagen geht nach den lautgesetzen wie πιρκνός auf वृक zurück. | ²) Aristot 834ᵃ 4?

Wer sich die mühe geben will, alte griechische und syrische handschriften genau anzusehn, wird finden, daſs sie in mehreren stücken unsern drucken und manuscripten des hebräischen alten testaments ähnlich sind. da ich für wahrscheinlich halte, daſs die in naher nachbarschaft lebenden Griechen Syrer und Juden der ersten jahrhunderte dieselben schreibgebräuche gehabt haben, so erkläre ich die in hebräischen urkunden vorkommenden graphischen eigenthümlichkeiten genau so, wie ich sie erklären würde, wenn ich sie in griechischen oder syrischen büchern anträfe, das heiſst ich betrachte punktierte worte als gelöscht [1]), über der linie stehende buchstaben gelten mir als später nachgetragen [2]), aus freien stellen ersehe ich, daſs wegen eines lochs im pergament oder mangelhafter gerbung die haut nicht hat beschrieben werden können, oder aber, daſs der kopist seine urschrift zu lesen auſser stande war [3]), auch wohl daſs ihm die zu überschriften nöthige rothe farbe für den augenblick fehlte [4]).

wenn nun aber *puncta extraordinaria* und *literae suspensae* des hebräischen textes beweisen, daſs die kopisten sich verschrieben haben, und wenn der סְבִיר auf irgend eine zufälligkeit zurückgeht, welche dem schreiber oder der von ihm beschriebenen haut begegnet war, so müssen alle manuscripte, welche an denselben stellen diese punkte, in der luft schwebenden buchstaben und freien stellen zeigen, nothwendig sklavisch treue abschriften desselben originals sein. denn es wäre, wenn auch auffallend so doch möglich, daſs alle kopisten an derselben stelle denselben richtigen

---

[1]) Geopon 7, 17. 51, 25. 87, 12. 96, 30. Eichhorn einleitung I 351. |
[2]) Reliqq ed Lagarde 5, 12. 9, 19. 11, 8. 13, 23. 23, 19. 41, 10. 81, 2 wie im hebräischen Iud 18, 30 Ps 80, 14 Iob 38, 13. | [3]) Constitutt ed Lagarde 97, 15. 126, 17. 179, 5. | [4]) Geopon 94, 12. 20. 95, 5. 12.

einfall gehabt hätten; dafs aber alle unabhängig von einander und ihrer urschrift auf demselben fleck dieselben fehler gemacht und auf dieselbe weise verbessert haben sollten, ist undenkbar.

es ergiebt sich also, dafs unsere hebräischen handschriften des alten testaments auf ein einziges exemplar zurückgehn, dem sie sogar die korrektur seiner schreibfehler als korrektur treu nachgeahmt und dessen zufällige unvollkommenheiten sie herübergenommen haben. über diesen archetypus des masoretischen textes würden wir nur durch conjectur hinausgelangen können, wenn uns nicht die griechische version des alten testaments die möglichkeit verschaffte, wenigstens eine schlechte übersetzung eines einer andren familie angehörenden manuscripts zu benutzen. es versteht sich selbst heutzutage leider noch nicht von selbst, dafs die LXX nur in ihrer ursprünglichen gestalt zur kritik unsrer masoretischen diaskeuase angewandt werden darf. wollen wir über den hebräischen text ins klare kommen, so gilt es zunächst die urform der griechischen übersetzung zu finden. ehe diese vorliegt, darf die aegyptische recension nicht zur kontrolle der palästinensischen benutzt werden. ehe aber eine solche kontrolle vorgenommen worden ist, hat niemand das recht die überlieferung als fest und bekannt anzusehn. alle untersuchungen aber über das alte testament schweben in der luft, wenn sie nicht auf den möglichst beglaubigten text zurückgehen. die wissenschaft verlangt mehr als einfälle und beiläufige bemerkungen; ihr wesen ist die methode.

die griechische übersetzung des alten testaments ist zuerst von den Judenchristen geändert worden, welche ihre ideen in dieselben hineintrugen; später wurde sie durch die vergleichung mit den jüngeren versionen verdorben. was und wie die Nazarener an dieser wichtigen urkunde gesündigt haben, läfst sich jetzt schwer feststellen, da gleichgültigkeit und beschränktheit späterer zeiten die schriften der ältesten väter haben untergehen lassen: dafs was geschah, vor der anerkennung einer sammlung neutestamentlicher schriften geschah, ist ohne weiteres gewifs: das bedürfniss im alten testamente christliche anschauungen ausgedrückt zu finden, mufste nothwendig erlöschen, so wie man sein denken und empfinden an ursprünglich-christliche bücher anzulehnen in den stand gesetzt war. für die durch beischriften aus Aquila Symmachus und Theodotion entstandne verwirrung des septua-

gintatextes wird sehr mit unrecht Origenes verantwortlich gemacht,
da schon Clemens von Alexandrien ein durch einschiebsel aus
diesen übersetzern verderbtes exemplar des griechischen alten
testaments vor sich hatte.

ich gebe im folgenden eine probe meiner vor achtzehn jahren
angefangenen bearbeitung der LXX. nur drei axiome schicke ich
voraus:

I die manuscripte der griechischen übersetzung des alten testaments sind alle [1]) entweder unmittelbar oder mittelbar
das resultat eines eklektischen verfahrens: darum muſs, wer
den echten text wiederfinden will, ebenfalls eklektiker sein.
sein maaſsstab kann nur die kenntniss des styles der einzelnen übersetzer, sein haupthilfsmittel muſs die fähigkeit
sein, die ihm vorkommenden lesarten auf ihr semitisches original zurückzuführen oder aber als original-griechische
verderbnisse zu erkennen.

II wenn ein vers oder verstheil in einer freien und in einer
sklavisch treuen übertragung vorliegt, gilt die erstere als
die echte.

III wenn sich zwei lesarten nebeneinander finden, von denen
die eine den masoretischen text ausdrückt, die andre nur
aus einer von ihm abweichenden urschrift erklärt werden
kann, so ist die letztere für ursprünglich zu halten.

---

[1]) man hat sich gewöhnt B als eine dem urtext sehr nahe kommende
hds zu betrachten. wenn aber B nicht selten da nur einen auszug aus
den jüngeren versionen giebt, wo A neben diesen noch die aus inneren
gründen als die älteste anzuerkennende übersetzung hat, so kann dies doch
nur erklärt werden, wenn man annimmt, der schreiber von B habe aus einem
glossierten manuscript die ursprungliche gestalt der LXX ausziehn wollen,
habe sich aber mitunter versehen und das kopiert was er hätte weglassen,
das weggelassen was er hätte kopieren sollen. ich glaube daſs man sich aus
diesen meinen anmerkungen zur übersetzung der Proverbien werde überzeugen können, daſs keine hds der LXX so gut ist, daſs sie nicht oft genug
schlechte lesarten, keine so schlecht daſs sie nicht mitunter ein gutes körn-
chen böte. daraus folgt dann einmal, daſs abdrücke einzelner manuscripte
und vergleichungen vieler nicht allein allen dankes werth sondern unum-
gänglich nöthig sind, sodann aber, daſs die eigentliche arbeit erst da anfängt,
wo die der ἀντιβάλλοντις aufhört. kärrner sind keine baumeister, aber die
baumeister brauchen kärrner.

es versteht sich von selbst, dafs ich nicht allen den wust herübernehme, der in der grofsen oxforder ausgabe zusammengehäuft ist und den ich leicht aus den versionen und den von mir gelesenen vätern vermehren könnte. wo ich meiner sache nicht sicher war, habe ich lieber ganz geschwiegen als vermuthungen zu markte gebracht. welcher vater wird sich einbilden, dafs andern die kinder gefallen, zu welchen er selbst kein zutrauen hat? ich will hier ein für allemal bemerkt haben, dafs das exemplar aus dem die LXX übersetzten, keine *matres lectionis* hatte, und dafs die drei buchstaben הדה am ende eines wortes nicht selbst geschrieben, sondern durch einen strich am obern ende des ihnen vorhergehenden consonanten ausgedrückt wurden.

zum schlufs dieses vorworts mufs ich noch zweier männer gedenken, deren namen zwar in den allgemeinen einleitungen zum alten testament und den besonderen zu den Proverbien erwähnt zu werden pflegen, deren verdienste aber kein neuerer anerkannt hat. was Georg Joh Ludw Vogel in den anmerkungen zu seinem abdruck von ASchultens übersetzung der Proverbien 1769 und Joh Gottl Jäger [)] in seinen observationes 1788 geleistet, ist von Schleusner an vielfach ausgeschrieben worden: Schleusner läfst sich hier und da noch herab die würdigen alten zu nennen, nach ihm gelten ihre mitunter gar nicht auf der oberfläche liegenden bemerkungen für herrenloses gut. es hat mir stets grofse freude gemacht Vogel's und Jäger's namen hinter den von ihnen herrührenden observationen anzuführen.

[)] in dem meldorfer programm von 1829 finden sich nachrichten über Jägers leben, auf welche mich herr rector W H Kolster aufmerksam gemacht hat. ich entnehme daraus dafs Jäger, am 24 Juli 1734 zu Werdau bei Meifsen geboren, 1744 auf die furstenschule zu Grimma gebracht wurde und 1750 die universität Leipzig bezog, auf der Jöcher Crusius Ernesti Fischer Reiske und der ältere Bahrdt seine lehrer waren. 1764 wurde er conrector, 1772 rector in Meldorf; 1813 nahm er wegen altersschwäche und unheilbarer harthörigkeit den abschied und starb am 21 November 1818. (vgl CFBahrdt in seiner selbstbiographie I 62 63.) seine berühmtesten schuler sind BNiebuhr und hLarms, der erstere hat ihm 1816 seinen Fronto gewidmet.

1

Für לָקַחַת מוּסָר הַשְׂכֵּל צֶדֶק וּמִשְׁפָּט וּמֵישָׁרִים hatte der 3
Grieche לָקַחַת מוּסְבַת לְהִתְבֹּל צֶדֶק וּמִשְׁפָּט לְמֵישָׁר. denn für
מֵישָׁר steht selbst diesem beweglichen übersetzer παιδεία fest.
den genetiv λόγων ergänzte er als nothwendig, vgl στρεφόμενα
λέγειν Ernesti lex technol rhetor gr 319, στρέφειν Aristot 1368ª
3. 1375ᵇ 11, στρεπτὴ γλῶσσα Clemens 120, 45 [Sylburg]: Jäger
citiert aus Phaedrus I 14, 4 *verbosae strophae*. nach λόγων +
καὶ λύσεις αἰνιγμάτων yz 68 109 147 157 161 248 ¹): aus
[Sirach 39, 3] Sap 8, 8. dem צֶדֶק entspricht in allen hdss und
übersetzungen der griechischen version δικαιοσύνην ἀληθῆ: ich
streiche δικαιοσύνην. denn wenn es eine wahre gerechtigkeit
giebt, müfste auch eine falsche vorhanden sein. was Drusius observv XIV 4 hat, gehört ebensowenig her, als des Aristoteles ausdrücke 1130ᵇ 6. 31. der übersetzer wufste, dafs δικαιοσύνη keine
dianoetische tugend ist, und brauchte desbalb neben νοῆσαι für
צֶדֶק ἀληθῆ, vgl LXX Isaj 41, 26 Esdr α 8, 86 [= hebr 9, 15].
spätere revision stellte die gewöhnliche übersetzung von צֶדֶק
neben die ungewöhnliche, statt letztere zu streichen. ἀληθῆ >
157, obelisiert ח ²). der aramaisierende infinitiv מֵישָׁר hat sein
seitenstück an בֵּרַךְ Dt 10, 11: לְמֵישַׁר Zach 4, 7 LXX τοῦ κα-
τορθῶσαι. übrigens ist κατευθῦναι zu schreiben: Clemens
hat 156² εὐθῦναι, 288²⁶ κατευθῦναι. es stand wohl κατευ-
θυνε da: • in der scriptio continua nahm man aus dem folgenden ἵνα leicht ιν hinzu, und erhielt so das sprachwidrige
κατευθύνειν.

in ח ist aus Symmachus νηπίοις für ἀκάκοις eingedrungen. 4ª
νέῳ strich Jäger gegen alle zeugen als zweite übersetzung 4ᵇ
von לְנַעַר. aus ∑ wird νέος für נַעַר Iob 29, 8 Ps 37, 25
angeführt.

selbstverständlich mit Jäger τῶνδε [so Mai] für das τῶν δὲ 5ª
der drucke; τῶν τε A.

---

¹) y nenne ich die bibel von Alcala, z den von NBrylinger 1550 zu
Basel besorgten abdruck der aldina. die erklärung der zahlen suche man
bei Holmes und Parsons. | ²) die syrisch-hexaplarische übersetzung.

7 ἀρχὴ σοφίας φόβος κυρίου, σύνεσις δὲ ἀγαθὴ πᾶσι τοῖς ποιοῦσιν αὐτήν ist ein aus LXX Ps 111, 10 stammender zusatz, welchen Drusius quaest ebr II 80 gegen ABγz אל ausschied. Clemens hatte ihn schon: wenigstens kommt er 161, 23-27 von den hier unechten worten gleich auf unser 7ᵇ und fügt 53, 31 echtes und unechtes zu dem satz zusammen φόβος κυρίου ἀρχὴ αἰσθήσεως.

8ᵃ παιδείαν הבא Constitt 20⁵ [meiner ausgabe], νόμους ACפyz. da ich nicht glauben kann der interpret werde בדרך anders als mit dem technischen ausdrucke παιδεία übersetzt haben, halte ich νόμους für echt, und glaube man habe נביאך für בידך zu finden gemeint.

9ᵃ δέξῃ Byzהאב, ἕξῃ Aז.

10 Clemens citiert 57⁵¹ nicht den ganzen vers, sondern verbindet 10ᵃ mit 15ᵃ. Sylburgs text scheint fehlerhaft: das zweite μηδὲ πορευθῇς ist in μηδὲ βουληθῇς zu ändern oder zu streichen. so bleibt aus Clemens nur zu 10ᵃ υἱέ, μὴ πλανηθῶσί σε οἱ ἁμαρτωλοί zu notieren: οἱ ἁμαρτωλοί für רשאים gehört wohl einer revision, die ἄνδρες ἀσεβεῖς zu frei fand.

10ᵃ אם מה = אל.

11ᵃ לך + vor לבח | נארבה hat der interpret nicht gelesen, sondern נערבה oder נחביה | nach αἵματος + Clem 57⁵² ἀθῴου: es spukt schon Isaj 59, 7 (s zu 16) und die deutung auf Jesus.

11ᵇ zu נבצעה ist שה oder רשע zu ergänzen: der übersetzer gab צען den sinn unter die erde bringen und nahm ל in לקבר als accusativzeichen: sein dialekt war also ein aramäischer.

12ᵃ .καταπίωμεν ABγzהב, ἀφανίσωμεν Clem 58¹ | der Syrer construiert noch richtig: wie die unterwelt die lebendigen; da der Grieche nicht ζῶντας schreibt, wird er חיים mit dem suffix בבלעם verbunden haben.

12ᵇ die züge eines von dem masoretischen nicht verschiednen textes waren unleserlich geworden: der interpret ergänzte mit thunlichstem anschluß an das erkennbare in erinnerung an Ps 34, 17ᵇ נגזרתה מארץ זכרם. man denke wie ähnlich רצובר und רדיבר aussahen.

14ᵃ κλῆρός σου πεσέτω 248 ᵏᵇᵒˡ in Parsons' appendix scheint älter als τὸν δὲ σὸν κλῆρον βάλε, denn es setzt יפל statt תפיל voraus. σός freilich ist unserm interpreten gemäßer als σου | ἐν ἡμῖν AByz, ἐν μέσῳ ἡμῶν 23 252 = בְּקִרְבֵּנוּ aus einem späteren.

κοινὸν δὲ βαλάντιον κτησώμεθα πάντες ist der echte in y sich nicht findende, καὶ μαρσίπιον ἓν γενηθήτω ἡμῖν der spätere in 23 fehlende und schon von Jäger als arbeit eines revisors erkannte text, in welchem ich aus 252 für ἡμῖν lieber πάντων ἡμῶν = לְכֻלָּנוּ schreiben möchte. ABCzא7 haben beide versionen hinter einander. βαλάντιον καὶ πήρα ῥήτορες, οὐ μαρσίπιον Thomas 55, 15. [14ᵇ]

בְּנִי fehlte dem Griechen: daſs υἱέ μου בְּנִי 23 252 254 295 297 nicht ursprünglich ist, erhellt daraus, daſs unser übersetzer בְּנִי blos υἱέ zu geben pflegt. so haben hier א 296, allein diese zwei zeugen können gegen die groſse zahl ihrer gegner schwerlich in betracht kommen. בְּנִי scheint mir ein späterer zusatz zu sein, welcher andeuten sollte, daſs jetzt nicht mehr die gottlosen sprechen | ὁδοὺς Ayzא Clem 57 ⁵¹ Lucifer Spec 68 161 248 254 296, ἐν ὁδῷ Bʒ Clem 202¹⁵ = בְּדַרְכָּם | τὸν πόδα σου Byz dem sprachgebrauch unsres freundes weniger entsprechend als τὸν σόν πόδα A. [15]

der vers fehlt in Bʒ Clem Lucif Specul, während Ayz mit unbedeutenden änderungen die übersetzung der originalstelle Isaj 59, 7 herübernehmen. Orig IV 505' *veloces pedes eorum ad effundendum sanguinem vel in Esaia invenies vel in Proverbiis.* אח haben den vers, welchen unser so origineller interpret gewiſs anders gegeben hätte als das dumme geschöpf, das die übersetzung des Isajas verübt hat: entscheidend ist, daſs dem ταχινοί die von der masoretischen abweichende punktation וַיְצַהֲרוּ zu grunde liegt: es muſs für höchst unwahrscheinlich gelten, daſs zwei verschiedne übersetzer gleichmäſsig auf diese von der überlieferung ihres volks abgehende aussprache gekommen sein sollten. der vers gewinnt an interesse durch Rom 3, 15 vgl FLucas notatt § 89 Kennikott dissert generalis 202-207 ed PJBruns. gegen seine echtheit spricht auch, daſs die minuskeln welche ihn haben, ihn verschieden (bald vor bald nach 17) stellen und 23 ihn aus Rom 3, 16. 17 vermehrt. [16]

οὐ ist nicht zusatz, vgl 20, 8ᵇ. [17]

לְדָם οἱ φόνου ABYzאח Orig III 7ᵃ = לְדָמִים richtig, αἱμάτων ח 23 Clem 202¹⁶ (oder οἱ αἱμάτων 252) stammt von einem [18] revisor | μετέχοντες entspricht einer form eines der zu 11 genannten verba.

18ᵇ   κακὰ bis κακή > hebr 23 y Lucif, עָד אַנְשֵׁי וְאַחֲרִית רָעָה בְּיִשְׁחָה?

19ᵃ   πάντων τῶν συντελούντων τὰ ἄνομα ABy κהדם, παντὸς πλεονεκτοῦντος πλεονεξίαν 248 aus einem späteren.

19ᵇ   בְּעָלָיו τῇ ἀσεβείᾳ = בְּעַוְלָה (Jäger).

20ᵃ   תִּרְעֶה ὑμνεῖται = תְּרֻעָה. das passivum wird durch das parallele κηρύσσεται geschützt, vgl 8, 3.

21ᵃ   בַּקְרָא תִקְרָא הֹמִיּוֹת τειχέων κηρύσσεται = הוֹמוֹת תִּקְרָא | ἐπὶ δὲ πύλαις δυναστῶν παρεδρεύει ABκדתה strich Jäger als aus 8, 3 eingedrungen, > y Irenaeus s 19, 1.

21ᵇ   hatte der Grieche עָרִים für שְׂעָרִים ohne בָּעִיר?

22ᵃ   nach ἂν kann natürlich nur ἔχωνται (ABCy 248 253 260 297) stehn, was (wenn es nöthig schiene) leicht nach 4, 6 in ἐρῶνται zu ändern wäre: ἔχωνται s | οὐκ αἰσχυνθήσονται vgl Jalqûth § 931 (der Ps 119, 46 anführt): הִיא יָשָׁב וְעֹסֵק בְּתוֹרָה נֶגֶד הַמְּלָכִים וְהַשָּׂרִים וְאֵינוֹ מִתְבַּיֵּשׁ:

22ᵇ   לְהֶם בְּסִילִים ἀσεβεῖς γενόμενοι = לָהֶם כְּסִילִים.

23ᵃ   וְהוֹכִיחַ לִתּוֹכַחַת καὶ ὑπεύθυνοι ἐγένοντο ἐλέγχοις = וְהִתְחַיְּבוּ לְתוֹכָחוֹת (oder וְיָחֹב: Mischna אָבוֹת 1, 11), vgl مســـب ὑπεύθυνος Reliqq 24, 13 ¹).

23ᵇ   dem übersetzer schwebte ein vers vor ἐμῆς πνοῆς δὲ ῥῆσιν ὑμῖν προήσομαι, welcher den zusatz ῥῆσιν = ῥῆμα Demosth ιθ 118 zu verantworten haben mag. vielleicht ist aber bedenklich erschienen blos πνοὴν προίεσθαι zu sagen, da dies an ψυχὴν oder βίον προίεσθαι (= späterem πνεῦμα ἀφιέναι) erinnern konnte: Eurip Medea 1052 | ὑμᾶς τὸν ἐμὸν λόγον ABys Clem α 57, τὸν ἐμὸν λόγον ὑμᾶς 23 109 252 der hebr wortstellung entsprechend.

24ᵇ   Orig IV 96' ²) πῶς δύναται διδασκαλίαν ἀνύειν τις χωρὶς τῆς ἁπλούστερον νοουμένης πολυλογίας; καὶ αὐτῆς τῆς σο-

---

¹) Rom 13, 8 denkt der apostel in seiner muttersprache: die ähnlichkeit von רבב und היב bringt ihn zu dem rath למדבי אלא חודבין אל. | ²) Jäger verweist auf Thomas μηκύνω τὸν λόγον κάλλιον ἢ ἐκτείνω [230, 10 Ritschl]. die ausleger bei Bernard 614 zeigen, daſs Thomas irrt. im Heliodor [s 1 = 122, 14 Bekker] steht jetzt λανθάνω für das von Sallier gelesene ἐκτείνω, vgl FField zu Chrysost homm in Paulum II 576.

φίας φασκούσης τοῖς ἀπολλυμένοις Ἐξέτεινον λόγους καὶ οὐ προσείχετε. Jäger: *loco signi* [beim reden Act 26, 1] *rem ipsam exhibent, et λόγους interpres maluit quam χεῖρας, velut aptius verbis ὑπηκούσατε προσείχετε.*

der Grieche בָּצִיתִי וְתוֹכַחְתִּי. 25ᵃ
für ἐλέγχοις 103 106 253 λόγοις: sie versahen sich in den 25ᵇ uncialen | ἠπειθήσατε Bח Clem rom α 57, οὐ προσείχετε Aאנ yz Clem alex 55³⁷ Lucif ⁸⁷ 68 103 106 147 157 248 252 253? 254 260 295 296 297. οὐ προσείχετε wird wegen des schlusses von 24ᵇ kaum gestattet sein.

באואה ἄφνω = בְּעָה, gebildet wie כְּיוֹם und bei Buxtorf 27ᵃ 2482 belegt. im neuarabischen *fissa* = السلاة في geschwind Eichhorn bibliothek I 689.

ὁμοίως AByz, ὁμοία Clem rom Lucif. 27ᵇ
ἢ ὅταν ἔρχεται ὑμῖν ὄλεθρος ABאנ, > Cyzחשש Clem 27ᵃ rom α 57 (vgl Cotelier zu der stelle). die unechtheit ist nach Jäger schon durch ἢ bewiesen, welches die worte als duplette kennzeichnet. von rechts wegen müfste man in ihnen eine zweite übersetzung des unmittelbar vorhergehenden sehn, allein sie gehören wohl zu 27ᵃ. der revisor nahm anstofs an der übersetzung von בבא durch ὡσὰν ἀφίκηται (vergangenheit) und daran, dafs פַחַד 26 ὄλεθρος und 27 θόρυβος gegeben war. sein fabrikat wurde tiefer hinabgerückt, weil man ein parallelglied zu 27ᵃ zu haben wünschte.

κακοί streiche ich gegen alle zeugen als den zusatz eines 28ᵇ christen, welcher den widerspruch mit Mth 7, 7. 8 ausgleichen wollte.

in 29ᵃ ist σοφίαν für עֵצָה ungewöhnlich und aus A 296 29 ebensogewifs παιδείαν in den text zu setzen als 29ᵇ φόβον mit yzאחנ 23 68 103 106 109 147 157 161 248 252 253 254 295 296 297 Clem rom und nicht λόγον AB Cypr Lucif Augustin zu schreiben ist. λόγον und σοφίαν halte ich für korrekturen eines christen. schon 24 erinnerte an Jesus Mth 23, 37 vgl 11, 16-19: die letzten verse des kapitels bezog man auf die hypostatische weisheit und änderte dieser beziehung zu liebe ausdrücke, welche man deutlicher oder bequemer wünschte.

בָּצִיתִי und תּוֹכַחְתִּי. 30

31ᵇ ἀτεβείας ABγzנ, ἐπιθυμίας ח 23 252 295 297 in erinnerung an Ps 103, 5. ἀτέβεια kann nicht מרעבה = موضعك übersetzen: der Grieche dachte an نستحب ἀντιλέγειν, vgl معكس: umgekehrt רשי ἀντιλογία Iob 20, 29 ב.

32ᵃ בְּרֻשָׁיֵם für נְרֻשָׁיֵם: vgl حصالمك ἀδικία Didasc 1, 15.

32ᵇ שָׁלִיט ἐξετασμός = einem derivat von שָׁאַל (MGeyer), etwa שָׁלִט Buxtorf 2301.

33ᵃ für κατασκηνώσει ἐπ᾿ ἐλπίδι hat Clem 162³⁵ ἀναπαύσεται ἐπ᾿ εἰρήνης πεποιθώς, ebenso (nur εἰρήνη) 229⁹. und 181⁴ ὁ δὲ ἐμοῦ ἀκούων κατασκηνώσει ἐπ᾿ ἐλπίδι πεποιθώς. ἡ γὰρ τῆς ἐλπίδος ἀποκατάστασις [180³⁶] ὁμωνύμως ἐλπὶς εἴρηται· διὸ [so statt διά] τοῦ Κατασκηνώσει τῇ λέξει παγκάλως προσέθηκε τὸ Πεποιθώς, δεικνὺς τὸν τοιοῦτον ἀναπεπαῦσθαι, ἀπολαβόντα ἣν ἤλπιζεν ἐλπίδα. διὸ καὶ ἐπιφέρει Καὶ ἡσυχάσει ἀφόβως ἀπὸ παντὸς κακοῦ. auch 248 hat ἀναπαύσεται ἐν εἰρήνῃ πεποιθώς. mir scheinen verschiedne übersetzungen von בֶּטַח und שָׁאֲנָן zu Einem ganzen verbunden worden zu sein.

2

1 אֲמָרֵי וּמִצְוֹתַי ῥῆσιν ἐμῆς ἐντολῆς = אָצֹר בְּקִרְבִּי.

2ᵇ echt παραβαλεῖς δὲ αὐτὴν ἐπὶ [oder εἰς 252 295 Clem 116²⁶] νουθέτησιν τῷ υἱῷ σου. revisor καὶ παραβαλεῖς καρδίαν σου εἰς σύνεσιν. ABγzנח Clem haben beide texte und zwar alle den echten an zweiter stelle, wo ihn ח obelisiert. Jäger erkannte den sachverhalt und sah, dafs die echte version הַטֵּה לִבְּךָ voraussetze. in 3ᵃ fand man die mutter ¹).

3ᵃ σοφία für בִּינָה ist an sich schon bedenklich und wird dadurch noch bedenklicher dafs Clem 121⁴¹ φρόνησις gehabt zu haben scheint. בִּינָה φρόνησις galt unserm freunde sicher als unabänderlich feststehender terminus technicus, σοφία ist die korrektur eines christen.

3ᵇ echt τὴν δὲ αἴσθησιν ζητήσῃς μεγάλῃ τῇ φωνῇ, revisor καὶ τῇ συνέσει δῷς φωνήν σου. der echte text ist aus בינה׳ ganz verschwunden, in אחר steht er nach dem späteren und zwar in ח obelisiert. Jäger erkannte den sachverhalt: er macht geltend

---

¹) auf den targum machte schon Cappellus crit sacr V 2, 2 aufmerksam אמא תקרא אלא בבניתא׳. vgl aber auch talmud nida בינה 57ᵃ: אבא חלם אמי בל הבא יצאה בבינה כי אם לבינה תקרא.

unser übersetzer gebe auch 1, 20. 8, 1 der phrase διδόναι φωνὴν aus dem wege, habe aber 26, 25 für יְהֵן קוֹלוֹ δέηται μεγάλῃ τῇ φωνῇ; Clemens scheine nur den echten text zu kennen.

echt νοήσεις θεοσέβειαν Clem 121⁴², συνήσεις φόβον κυ- 5ᵃ ρίου ΑΒyz דעת.

echt καὶ αἴσθησιν θείαν εὑρήσεις Clem 121⁴³ Orig I 718ᵈ 5ᵇ = sensum divinum invenies Rufin Orig I 53' 195' III 42ᵈ 881ᵈ, revisor καὶ ἐπίγνωσιν θεοῦ εὑρήσεις ΑΒyz. vgl Orig IV 366ᵇ κατὰ τὰς λεγομένας ὑπὸ τοῦ Σολομῶντος θείας αἰσθήσεις.

ἐκ τοῦ ἑαυτοῦ στόματος hat dem מִפִּיו entsprechend Clem 6ᵇ 121⁴⁵, derselbe 23⁴² ἀπὸ προσώπου αὐτοῦ [also מִפָּנָיו (Vogel)] wie ΑΒyz אדני. nach ח ʳᵃⁿᵈ ἐκ τοῦ ἑαυτοῦ στόματος ΑκΣΘΕ. die änderung hat vielleicht einen dogmatischen grund: man mochte מִלֹּאֲךָ פָּנָיו Isaj 63, 9 und רוּחַ פִּי יְהוָֹה irgendwie einander gegenüberzusetzen gewohnt sein.

κατορθοῦσι σωτηρίαν ΑΒyz אדני, echt δικαίοις βοήθειαν 7ᵃ Clem 121⁴⁷.

בהלכי הם τὴν πορείαν αὐτῶν = בהליכתם (Vogel). 7ᵇ

בפשע ארחו wurde vom revisor ὁδοῦς δικαιώματος über- 8ᵃ setzt; so 23. der echte text lautete wohl ὁδὸν δικαιωμάτων. δικαιωμάτων alle aufser 23, ὁδὸν ΑCyz 68 106 147 157 161 248 252 253, ὁδοὺς Β אדני.

κατορθώσεις ist nicht zeitwort, sondern mehrheit von κα- 9ᵃ τόρθωσις, daher das komma vor πάντας gesetzt werden mufs. der interpret verband hier die im masoretischen text 1, 3ᵇ bei einander stehenden hauptwörter.

ἀγαθοὺς ΑΒyz אדני, ἀγαθοῦ 23 wegen des status constructus 9ᵇ מעגל der Masoreten.

den adjektiven καλὴ und ὁσία entspricht im hebr nichts: 11 obwohl sie bei allen zeugen stehn, möchte ich sie für unecht halten, da βουλὴ und καλὴ, [ἔνν]οια und ὁσία ähnlich genug aussehn. die worte könnten so entstanden sein, wie 31, 11 καλῶν aus σκύλων entstanden ist.

בקשת μηδὲν πιστόν ΑΒyz אדני ʳᵃⁿᵈ ס, διεστραμμένα ח 23 dem 12ᵇ hebr genau entsprechend.

ὢ zu anfang yz אני 23 68 106 161 248 252 295 297, > ΑΒ אני 14ᵃ nach dem hebräischen.

14ᵇ καταστροφῇ für διαστροφῇ nur y | κακῶν 106 für κακῇ könnte änderung nach dem hebr sein.
17ˑ ἀπολείπουσα richtig Bz? 68 106 157 161 252 260 295, ἀπολιποῦσα Aא‎ה wegen des flgden ἐπιλελησμένη | διδασκαλίαν ABys, μάθησιν 23 aus Σ.
18ˑ ἔθετο verlangt שָׁתָה oder שָׁמָה.
18ᵇ μετὰ τῶν γηγενῶν und παρὰ τῷ ᾅδῃ sind verschiedne übersetzungen von אֶל רְפָאִים. aus חˈᵐᵈ wissen wir dafs Ἀκ Σ 'Ρεφαεὶν gehabt, ΘE ‎ܟ݂ܝ݂ܢ: danach scheint παρὰ τῷ ᾅδῃ die echte lesart zu sein. die zeugen verbinden beide übersetzungen, nur hat 103 γηΐνων für γηγενῶν, vgl ANauck euripid studien I 68 | τοὺς ἄξονας ABys ח ʳᵃⁿᵈ; wer dafür αἱ τροχιαὶ schrieb (ח 23 109), fafste 18ᵇ als neuen satz mit besonderm subjekt.
19ᵇ dafs wir eine doppelte übersetzung haben, wollte Jäger nicht einsehen. die echte οὐ γὰρ καταλαμβάνονται ὑπὸ ἐνιαυτῶν ζωῆς setzt בְּנֵי תְבוּנָה voraus. in der jüngeren οὐδὲ μὴ καταλάβωσι τρίβους εὐθείας fällt εὐθείας als nicht nach erwartung wörtlich auf: ἀγαθὰς dafür 23. ich halte ευθ von εὐθείας für wiederholung des ους von τρίβους und ändre das übrigbleibende ειας in ζωῆς. man bedenke, dafs die jüngere übersetzung zuerst am rande gestanden haben mufs, und dafs also ihr letztes wort besonders leicht undeutlich werden konnte: glaubte aber der schreiber zwei zeilen verschiednen sinnes vor sich zu haben, die beide von Salomon herrührten, so durften sie nicht beide mit ζωῆς endigen; daher las man aus den verwischten zügen ein mit τρίβος häufig verbundenes adjectiv heraus.
20ˑ die abkürzung בם löste der übersetzer falsch in שָׁבוּ auf oder übersah den strich.
21 echt χρηστοὶ ἔσονται οἰκήτορες γῆς, ἄκακοι δὲ ὑπολειφθήσονται ἐπ' αὐτῆς [ἐν αὐτῇ A]: nur diese übersetzung ⅂ Clem rom a 14 alexandr 174²². revisor ὅτι εὐθεῖς κατασκηνώσουσι γῆν καὶ ὅσιοι ὑπολειφθήσονται ἐν αὐτῇ: nur diesen text Bא‎. Aחyzᵃˡˣ verbinden beide versionen.
22ˑ Ps 1, 6 (Jäger).

3

1ˑ ἐμὸν νόμον 103 wie die Masoreten; aber ἐμῶν νομίμων ABz, ἐμῶν θεσμῶν Clem 116²⁵, ἐμῶν νόμων y 68 161 248 253 297 setzen תּוֹרֹתַי voraus.

die randlesart von א ist aus dem Syrer genommen. 1ᵇ

die worte כְּרָבֵם עַל־לוּחַ לִבֶּךָ hatte der Grieche nicht: der 3
ihnen in ABYZ*** entsprechende satz γράψον δὲ αὐτὰς ἐπὶ πλακὸς [τὸ πλάτος Aא] καρδίας σου stammt nach ת aus Theodotion.
er steht in den hdss bald hinter τραχήλῳ, bald hinter χάριν, zum
beweise dafür, daſs er vom rande durch schreiber hereingekommen
ist, welche die stelle nicht kannten, an der sie ihn hätten einfügen
müssen. die worte sind aus 7, 3 nach 3, 3 und zum theil auch
nach 22, 20 verschlagen und τρισσῶς 22, 20 ist wieder veranlassung zur erweiterung auch unserer stelle geworden; vgl 8, 12.
Clemens 153 ¹⁷ ἐλεημοσύναι καὶ πίστεις καὶ ἀλήθεια κτέ. ¹).

הֵן מָצְאָא zu 3 gezogen | וְשָׁבָל καὶ προνοοῦ = תָּשׂבֵּל (Dru- 4ᵃ
sius fragm 1093).

Clem 229 ¹⁰ erweitert aus Mth 22, 37 = Dt 6, 5. 5ᵃ

ἐπαίρου (alt επερου) ändre ich in ἐπερείδου (Iob 8, 15), 6ᵇ
wie hier aus Θ angemerkt wird | zwischen 6 und 7 steht (mit
unbedeutenden varianten) 23ᵇ in א 103 252 253 254 260 295
Clem 155 ²²·²⁵, vgl Mth 4, 6 = Ps 91, 12ᵇ.

Clem 155 ²⁷ mit einer durch Mth 10, 28 veranlaſsten erwei- 7ᵇ
terung φοβοῦ δὲ τὸν μόνον δυνατὸν Θεόν | Θεόν ABYZ?Clem,
κύριον אה 23 103 252 253 254 260 295 297 Basil = יהוה.

für לִבָּךָ der Grieche לִבְבָּךָ oder לִשְׁאָרְךָ (Vogel): לשאר 8ᵃ
auch im Jalqûth, vgl zu 22.

ἐπιμέλεια hat JSSemler epist ad Griesbachium 1770 p 22 in 8ᵇ
πιμέλεια geändert, da Σ πιότης habe, vgl 13, 4: ich kenne nur
πιμελή.

was der Grieche mehr hat als unser masoret text, ist in er- 9ᵃ
wägung von Dt 23, 19 hinzugefügt.

σίτου ist zu schreiben, denn der Grieche fand שֶׁבֶר für שָׂבָע: 10ᵃ
πλησμονῆς ist korrektur: unsere hdss verbinden πλησμονῆς σίτου
oder σίτῳ.

Orig III 355⁴ entspricht noli esse pusillanimis einem sonst 11ᵇ
hier nicht nachweislichen μὴ ὀλιγοψύχει statt μὴ ὀλιγώρει: μὴ
ἀποδοκίμα[σον?] 252 ʳᵃⁿᵈ stammt aus Aquila.

---

¹) Diluet citiert zu Orig III 445ᶜ Aeschyl Prometh [789] ἐγγράφου μνήμοσιν δέλτοις φρενῶν, Pindar Olymp [10, 2] πόθι φρενὸς ἐμᾶς γέγραπται, Terenz Andria [283] scripta illa dicta sunt in animo Chrysidis. falsch vgl Hippolyt [1, 11 Lagarde = Epiphan λα 174ᵈ].

12ʼ   richtig B הוכיח ἐλέγχει, aus Hebr 12, 6 Apoc 3, 19 ist in Ayz
       אשר παιδεύει eingedrungen: so auch 23 68 103 106 109 147
       157 161 248 252 254 260 295 297 Clem rom α 56 alex 54⁵ Basil.
12ᵇ   באפ᾽ μαστιγοῖ δὲ = וכאב᾽ Cappell crit sacr II 3, 5: IDMi-
       chaelis bemerkt zu Hebr 12, 6 dafs LXX כאב᾽ שׁבט Ps 32, 10 μάστιξ
       übersetzen | πάντα > 106 wohl in folge einer vergleichung mit
       dem hebr.
13ʼ   ἄνθρωπος ABy איש Clem 57⁹, ἀνήρ 254 Clem 153¹⁴, keines
       von beiden 295.
13ᵇ   εἶδε Byz אין = ἴδεν A = εἶδεν Clem 153¹⁴, εἶδε 103 106,
       ἔσχε Π, εὗρε ב Clem 57⁹.
15   ziemlich = 8, 11. EGrabe sah dafs eine doppelte über-
       setzung vorliegt, irrte aber, als er die beiden in den hdss zuletzt
       stehenden stichen mit der bemerkung *alia interpretatio* versah.
       echt εὔγνωστός ἐστι πᾶσι τοῖς ἐγγίζουσιν ¹) αὐτῇ, οὐκ ἀντι-
       τάξεται ²) αὐτῇ οὐδὲν ποθητόν: denn ποθητόν ist mit Grabe
       für das überlieferte ποιηρὸν zu schreiben. 15ʼ lautete für den
       interpreten יקרה היא לפנייה ³), in 15ᵇ hatte er בפניה. revisor
       τιμιωτέρα δέ ἐστι λίθων πολυτελῶν, πᾶν δὲ τίμιον οὐκ ἄξιον
       αὐτῆς ἐστιν. in y fehlt der alte text ganz, die übrigen haben die
       reihenfolge revis ᵃ echt ᵇᵃ revis ᵇ.
16ʼ   Jäger sah dafs καὶ ἔτη ζωῆς aus 2 stammt.
[16]   nach 16 hat der Grieche einen vers, dessen erste hälfte mit
       Isaj 45, 23ʼ identisch ist, dessen zweites hemistich auf Prov 31, 26
       zurückgeht (Jäger). hebräisch mufs dagestanden haben בפיה
       פתחה בחכמה ותורת חסד על לשׁנה. Prov 31, 26 fehlen unserm
       freunde die betreffenden worte, Isaj 45, 23ʼ wird an seinem ort
       anders übersetzt als hier. übrigens bedeutet צדקה (vgl. صدق)
       beim propheten nicht *gerechtigkeit*, sondern *ein wahres wort*, wie
       der parallelismus דבר לא ישׁוב zeigt. hat der prophet seinen
       ausdruck aus unsrer ihm noch vollständiger vorliegenden stelle
       entlehnt? | φορεῖ ABz, φέρει y 68 106 161 248 253 296.

---

¹) τοῖς ἐφαπτομένοις 23. gleich darauf αὐτήν z. | ²) oder ἀντιτάσσεται
Λ. 68 103 106 109 147 157 248 253 254 260 295 296 297. Jäger vergleicht Epikur bei Diogenes X 22 ἀντιπαριτάττιτο πᾶσι τούτοις τὸ κατὰ ψυχὴν
χαίρον mit Cicero fin II 30 *compensabatur cum his omnibus doloribus animi
laetitia*. | ³) vgl. דברי אשׁר καταλήψεται σε ὁ λόγος μου Num 11, 23. sollte
εὐάλωτος für εὔγνωστος zu lesen sein?

πᾶται αἱ τρίβοι yz, πάντες οἱ τρίβοι AB, πάντες οἱ ἄξονες 17ᵇ 23, αἱ ἄξονες 161ʳᵃⁿᵈ. für נְתִיבָה נָתִיב haben LXX stets τρίβος mit ausnahme von Prov 7, 25ᵇ Iob 19, 8. 24, 13. aber Prov 7, 25 werden die in B fehlenden worte durch den gebrauch von ἀτραπός als unecht, durch ה als eigenthum Theodotions erwiesen. Iob 19, 8ᵇ schwankt die lesart (ἐπὶ πρόσωπόν μου Bz, ἐπὶ δὲ ἀτραπούς μου A, ἐπὶ προσώπου μου y) und ich möchte was A bietet, vorläufig für spätere korrektur halten. so bleibt nur Iob 24, 13 mit נְתִיבָה ἀτραπός übrig. denn Iob 41, 24' fehlte dem Griechen sicher ¹) und Iud 5, 6 נְתִיבוֹת הֹלְכֵי wahrscheinlich.

Clem 249⁵ δένδρον ἀθανασίας ἐστὶ τοῖς ἀντεχομένοις αὐτῆς: 18ᵃ gegen Rufin Orig II 151ᶠ 266ᵉ.

aus לְרִבְיָה wiederholte der interpret כְּיָה, daher ὡς ἐπὶ κύ- 18ᵇ ριον | das grammatisch unmögliche מְאֹד־ר war sicher mit einem abkürzungsstrich geschrieben: der Grieche löste מֵאֲדֹרֶת auf und, musste deshalb לִרְבְיָה annehmen.

ἐν vor σοφίᾳ Orig III 171ᵇ Euseb Gregor nyss Didym, vor 19 φρονήσει dieselben und Athanas yz 68 103 106 109 147 157 161 248 252 253 254 260 295 296. verdächtig weil es = בְּ ist, und weil es zu dogmatischen düfteleien späterer zeit pafst.

Θεός ΑByzאהרʳᵃⁿᵈ ? Orig III 8ᵈ, κύριος ה 161ʳᵃⁿᵈ = יְהוָה. 19ᵃ

aus FSylburgs index stammen die citate Clem 105⁵² πα- 21 ραρρυῶτι τῆς ἀληθείας und 119¹¹ πολλὰ παρερρύηκεν ἡμᾶς χρόνου μήκει ἀγράφως διαπεσόντα: sie helfen uns nichts, da παραρρυῆναι hier wie Hebr 2, 1 völlig absolut steht. nach ? kann wohl aus einem späteren عينيك امام من على تسقط لا.

א kennt μὴ παραρρυῇς nicht; denn was Zohrab am rande hat, ﬓ ﬓ und ﬓ, erweist sich schon dadurch als nachtrag, dafs das griechische wort in zwei verschiednen übersetzungen erscheint. ρρυῆς von παραρρυῇς rührt von dem ρυῆς des unmittelbar darüberstehenden ἐρρύησαν her: wie das übrig bleibende παρα zu ergänzen sei, ist darum anzugeben unmöglich, weil auch τήρησον δὲ 21ᵇ verdächtig, der plural בְלִי unrichtig, das zeitwort נבל bisher noch unerklärt ist, also aller anhalt für eine emenda-

---

¹) während ein theil von 24ᵇ doppelt da ist. aus לִבְבָה wurde einmal לְבַבְךָ אִישׁ πρίαατον, das andre mal לשבה oder כְּסבב ὥσπερ αἰχμάλωτος. später baute man aus den trümmern der zwei übersetzungen zwei hemistichien.

tion fehlt. dem Syrer galt נְצֹר mit recht als infinitiv und als subjekt des ganzen verses. als zeitwort hatte er noch einen singular, den er von ‌ܗܘ = لهُ ableitete (Vogel) ¹).

22ᵃ ἵνα ζῇ σὴ ψυχή 147 252 halte ich für echt, weil unser interpret lieber ἐμός σός als μοῦ σοῦ sagt: ἵνα ζήσῃ ἡ ψυχή σου AByz ist nicht eine neue übersetzung (für eine solche ist sie nicht wörtlich genug), sondern eine stylverbesserung. die neuere version ἵνα ᾖ ζωὴ τῇ σῇ ψυχῇ bilde ich mir aus ινα η ζωη η ση ψυχη 23.

[22] die worte ἔσται bis ὀστέοις sind nach Jäger aus 8 eingeschleppt. das echte τοῖς σοῖς ὀστέοις hat sich hier in By erhalten, τοῖς ὀστέοις σου Az 103 106 109 147 157 252 253 254 295 297. dafs es σαρξί heifst (לִבְשָׂרֶךָ), bestimmt mich zu der annahme dafs σώματι 8 nicht ursprünglich ist.

23ᵃ לִבְשָׂרֶךָ mit πεποιϑώς und dem in 23 fehlenden ἐν εἰρήνῃ doppelt übersetzt, vgl zu 1, 33.

24ᵃ הִשַׁכֵּב καϑῇ = שֶׁכֶב (Hitzig).

26ᵃ בִּבְכָל־ ἐπὶ πασῶν ὁδῶν σου = בְּכָל־מְסִלֹּתֶיךָ: an מְסִלָּה 16, 17 dachte schon Jäger.

26ᵇ ἐρείσει ABynJ, richtig τρήσει 23 297 ח | σαλευϑῆς änderte Semler in ἀγρευϑῆς, auch συλληφϑῆς wäre möglich.

27ᵇ βοηϑεῖν BאGyz Pseudo-Orig I 830ᵈ, εὖ ποιεῖ A, was wohl εὖ ποιεῖν (nicht εὖ ποιεῖ) heifsen soll. εὖ ist als aus ου des vorhergehenden σου unschwer entstandene erleichterung der wörtlichen übersetzung ποιεῖν = לַעֲשׂוֹת zu streichen.

28ᵃ לְרֵעֶךָ fehlt dem Griechen: ich halte es für den zusatz eines Juden, dem das gebot zu allgemein ausgedrückt war.

[28] οὐ bis ἐπιοῦσα aus 27,1 (Jäger): alle zeugen haben den zusatz.

29ᵇ gern striche ich καὶ vor πεποιϑότα, denn im indicativ hätte der mann doch παροικεῖ πεποιϑώς gesagt: allein der sprachgebrauch könnte die ungenauigkeit gefordert haben. im Deutschen sagen doch nur offenbare narren *du hättest thun gesollt*, obwohl es *du hättest gesollt* heifst.

31ᵃ נָקַם קְטָטָה = נִקְמַת קְטָטָה (Jäger) | κακῶν ἀνδρῶν ὀνείδη klingt mir wie eine reminiscenz aus einem tragiker, welcher wendungen nachahmte wie μέγα σϑένος Ἠετίωνος, ἱερὴ ἴς Τηλεμάχοιο,

---

¹) Ps 12, 9 מלת כיה aus ܐܳܣܽܘ؟ ܐܠܠܗ ܐܠܠܘܣ zu erklären = μετεωρολογία Clemens recogn 128, 35.

βίη ἡρακληείη. so sind κακῶν ἀνδρῶν ὀνείδη nichts als κακοὶ ἄνδρες. der plural der Griechen verallgemeinert wie der singular der Hebräer.

οὐ > 106, Grabe wollte es streichen: es ist aus dem gleich 32ᵇ folgendem συ enstanden. in συνεδριάζει ist Jahve subjekt. Jalqût ‍‍‍‍ כתיב בתרים: etwa Amos 3, 7?
Θεοῦ AB‍‍‍, κυρίου אתיε 23 68 103 109 252 253 295 = 33ᵃ
יַחֲוֶה. דֶּךְ יְבָרֵךְ εὐλογοῦνται = יְבָרֵךְ (Jäger).
= wenn es sich um spötter handelt (gegen spötter geht), so 34ᵃ spottet [auch] er: vgl Ps 18, 27. ἀντιτάττετθαι in demselben sinne wie 15, allein schon Jacob 4, 6 (Petr a 5, 5) ist es in der bedeutung sich feindlich gegenüberstellen gefaſst.

4

νόμον AB‍‍‍‍, λόγον γε 68 161 248 korrektur eines christen. 2ᵇ
דֶּרֶךְ וְיִחְיֶה רַךְ ὑπήκοος καὶ ἀγαπώμενος = יְדִיד בְּךָ. ich er- 3ᵇ schlieſse das dasein von רַךְ aus ܡܚܣܢ: vgl קַר קַל צַר צַח כַּד דַּל
ܘܐܣܬ ܘܚܣܪ ܠܟܣܝܢ ܟܣܝܢ ܚܠܫܐ ܕܪܟܝܢ ܣܝܣ ܟܠܐ ܘܠܝܫܐ mit תַּם רַךְ רָךְ ܟܣܘܠ. denn רַךְ bedeutet nur zart: ܚܣܝ ἁπαλός Geopon 92, 7: ܡܚܣܢܘܬ ἐλαφρῶς 85, 14 ἠρέμα 99, 30: ܘܝ ἁπαλός ἐγένετο 105, 8: ܐܬܚܣܢ ἠπαλύνθη 3, 12 ἐμιλακίτθη 9, 2. aber ܡܚܣܢ χαμαίζηλος 82, 24: ܡܚܣܢܘܬܐ πραότης ταπεινοφροσύνη ἐπιείκεια ἐπιεικές: ܝܬܝܪ ἥττων Geop 65, 21: ܐܬܚܣܢ ܐܬܒܣܪ κατήνεγκε Tit Bostr 64, 12.

echt φύλασσε ἐντολάς, μὴ ἐπιλάθῃ μηδὲ παρίδῃς ῥῆσιν 4ᵇ 5 ἐμοῦ στόματος. also שְׁמֹר מִצְוֹת אָבִי אַל־תִּשְׁכָּח ohne das dazwischen liegende ¹). später ist hinter ἐντολάς entweder καὶ ζῆθι oder καὶ ζήτῃ ²) eingeschoben und 5 neu übersetzt worden: κτῆσαι σοφίαν, κτῆσαι σύνεσιν, μὴ ἐπιλάθῃ μηδὲ ἐκκλίνῃς ἀπὸ ῥημάτων στόματός μου. LXX haben auch den im wesentlichen mit 5 identischen 7 vers nicht, den Origenes III 13ᵃ 17ᵇ 29ᵃᵇ 305ᵃ und Augustin V 1502 ᶠˢ übergehn. ich glaube, vers 7 hat einmal in zwei stichen am rande einer hebr hds gestanden, und ist von zwei verschiednen abschreibern dieses manuscripts an verschiednen stellen in den text eingefügt worden. der verstän-

---

¹) wer die LXX nach dem massoretischen text in verse eintheilt, muſs 5 vor μὴ ἐπιλάθῃ anfangen lassen. | ²) alt ζησει geschrieben, also mit dem in 23 und gewiſs auch anderwärts als ζῆθι auftretenden ζῆθι sehr leicht zu verwechseln.

digere setzte ihn nach vers 6: ihm war nur das wort hinter רֵאשִׁית unleserlich: er machte aus den verblichenen zügen הֶבְכָּה, da doch ein mit קִנְיָנְךָ in bedeutung und suffix paralleler ausdruck dagestanden haben mufs. der zweite kopist fand die anfänge der zeilen schon so verwischt, dafs er weder רֵאשִׁית noch וּבְכָל־קִנְיָנְךָ zu entziffern vermochte: natürlich fehlen diese worte in seiner abschrift. aus den vom ersten הֶבְכָּה gelesenen zügen brachte er חָיָה heraus und setzte das ganze an das ende unsres jetzigen 4 verses. als man später die beiden abschriften oder kopieen von ihnen verglich, behielt man für die amtliche ausgabe der heiligen bücher das machwerk sowohl des ersten als des zweiten kopisten jener urhandschrift bei.

8ᵃ   Jäger verweist auf Pindar bei Plato staat β [365ᵇ] und bei Cicero an Atticus XIII 38 [vgl Valckenaer diatribe in Eurip fragm 194]. bei כָּלְכָּלָה dachte der Grieche an כְּלִילָה.

10ᵇ   echt ἵνα σοι γένωνται πολλαὶ ὁδοὶ βίου (setzt אָרְחֹת für שָׁדַי voraus, vgl 2, 19ᵇ; πολλοὶ χρόνοι wäre eine nicht zu kühne korrektur: über χρόνος jahr Valckenaer diatribe in Eurip fragm 135, vgl Prov 9, 11ᵇ), revisor καὶ πληθυνθήσεταί σοι ἔτη ζωῆς σου. Clemens hat 122³ nur den echten text, welchen Jäger als solchen erkannte: die spätere übersetzung steht in AByzא⁷³ vor der echten, nur σοι > B.

13ᵃ   בְּמוּסָר ἐμῆς παιδείας = בְּמוּסָרִי.

13ᵇ   ἀλλά > A 103 106ᵐʷ nach dem hebr.

15ᵃ   מִדְרָכוֹ für אָרְחֹתָי: in Jägers בִּדְרָכַי pafst das suffix nicht.

16ᵇ   וּבְמוֹעֲלוֹ κοιμῶνται = יִשְׁכָּבוּ (vgl Schleusner). natürlich mufste אִם unübersetzt bleiben, das tempus verschlug nichts.

18ᵃ   בְּלֵב λάμπουσι = בְּלֵב (Jäger).

19ᵇ   πῶς AByzבז, ἐν τίνι 23 106 252 = בַּמֶּה, ἐν τίνι πῶς y.

20ᵃ   לִדְבָרַי ἐμῇ ῥήσει = לִדְבָרַי. revisor ἐμοῖς λόγοις 23 252.

20ᵇ   אֲמָרַי τοῖς δὲ ἐμοῖς λόγοις; revisor τοῖς δὲ ἐμοῖς ῥήμασιν 23 252, weil er λόγοις schon in 20ᵃ verwendet hatte.

21ᵃ   αἱ πηγαὶ τῆς ζωῆς σου π 23 252 254 297 (und ohne σου 295) ist echt, da es בִּהְיוֹת חַיֶּיךָ statt עֵינֶיךָ voraussetzt: die lesart αἱ πηγαί σου AByzא⁷ kann ich nur für eine verstümmelung jener gelten lassen.

21ᵇ   echt ἐν τῇ καρδίᾳ Ayz 68 106 109 147 157 161 295 296, ἐν καρδίᾳ B, ἐν τῇ καρδίᾳ σου 23 252 | am ende des verses +

διὰ παντός 254 297, was ich für echt halte. nach לִבָבְךָ verschwand den Masoreten בְּבָל־עֵ, da die häufung derselben konsonanten (לבבבבל) ganz geeignet war die kopisten zu verwirren. oder aus 6, 21ᵃ?

πᾶσι vor τοῖς + yz 161 248 260, wohl echt. 22ᵃ

לְכָל־בְּשָׂרוֹ καὶ πάσῃ σαρκί = לְכָל־בְּשָׂרוֹ: revision + 22ᵇ
αὐτοῦ A 23 254, aus dem 109 157 252 297 αὐτῶν machten: 147 z vollendeten die „besserung" zu καὶ πάσῃ τῇ σαρκὶ αὐτῶν.

מִכָּל־ πάσῃ = בְּכָל־. 23ᵃ

ἔξοδοι AByz, προσελευσης 252ʳᵃⁿᵈ sehr προσελεύσεις: aus Σ? 23ᵇ
ἀπὸ σοῦ μακρὰν ἄπωτον A, ἀπὸ σοῦ μακρὰν ἄπωσαι B, 24ᵇ
μακρὰν ἄπωσαι ἀπὸ σοῦ 23 253 254 260, μακρὰν ἀπὸ σοῦ
ποίησον 109. wer ἀπὸ σοῦ hinter das zeitwort setzte, wird die hebr wortstellung haben nachahmen wollen.

vgl 3, 6 Mth 3, 3 Hebr 12, 13 (Jäger) | πάσας vor τὰς ὁδούς 26ᵇ
σου + 296 nach dem hebr.

die vier über den hebr text überschiefsenden reihen ¹) gebn [27] wohl nicht auf ein semitisches original zurück, sondern sind das werk eines christen der ältesten zeit. über die zwei wege ist viel verhandelt worden: Lagarde reliqq XIX Plutarch Isis 26 ὁ Πλάτων [gesetze δ 717ᵃᵇ?] ὀλυμπίοις θεοῖς τὰ δεξιὰ καὶ περιττά, τὰ δ' ἀντίφωνα τούτων δαίμοσιν ἀποδίδωσιν.

5

die meisten hdss wiederholen hier 4, 20ᵇ: τῇ δὲ φρονήσει 1ᵇ
μου κλῖνον τὸ οὖς σου 23 252.

αἴσθησις δὲ ἐμῶν χειλέων ἐντέλλεταί σοι B, αἴσθησιν δὲ 2ᵇ
ἐμῶν χειλέων ἐντέλλομαί σοι die andern. es fällt auf, dafs beide lesarten vom masoretischen text abweichen (meist stimmt die eine von zweien genau mit ihm), und dafs 2ᵇ nicht mehr von ἵνα 2, abhängen soll. auf alle fälle hatte der interpret שְׂפָתֶי לְךָ statt שְׂפָתֶיךָ (Jäger, der יְצֻרָה für יִנְצְרוּ vorausgesetzt glaubte).

μὴ πρόσεχε φαύλῃ γυναικί > hebr. . 3

וְזָרָה γυναικὸς πόρνης = זָרָה.

---

¹) ὁδοὺς γάρ τὰς ἐκ δεξιῶν οἶδεν ὁ θεός, διεστραμμέναι δέ εἰσιν αἱ ἐξ ἀριστερῶν· αὐτὸς δὲ ὀρθὰς ποιήσει τὰς τροχιάς σου, τὰς δὲ πορείας σου ἐν εἰρήνῃ προάξει.

3ᵇ πρὸς καιρὸν liefse sich wohl in πρὸ ἐλαίου = בְּטֶרֶם ändern, da eigentlich nur κ und λ vertauscht zu werden brauchten: ebenso möglich ist aber, dafs der interpret הֲלֹךְ מַשְׁחֵרֵי הֲבֵל gehabt. wenn ich nur wüfste, wie alt die astronomische bedeutung von הֵלֶךְ ist. dafs nämlich σὸν vor φάρυγγα in τόν zu ändern ist, glaube ich Jäger gern.

4 der Grieche מִצְוָתָה und בְּתֹם.

5 der Grieche רַגְלֶיהָ מוֹרִדוֹת אֶל בֵּית שְׁאוֹל וּצְעָדֶיהָ יִתְמֹכוּ. für יִתְמֹכוּ hätte es althebräisch בְּבֵית heifsen müssen. vgl 1, 17 und Isaj 23, 11ᵃ wo LXX הִנֵּה von נְטֵה herleitet, sie schwankt = οὐκέτι ἰσχύει. Jäger erkannte מוֹרִדוֹת (der midrasch glossiert בִּירִידָה) und sah, dafs τῆς ἀφροσύνης eine umschreibung des suffixes von רַגְלֶיהָ und = τῆς ἄφρονος γυναικός ist: das suffix konnte nicht wörtlich übersetzt werden, weil ein αὐτῆς auf das zunächst stehende μαχαίρας hätte bezogen werden müssen.

6ᵇ οὐκ εὐγνωστοι: er nahm לֹא תֵדַע relativisch = welche du nicht kennst (Jäger).

8ᵇ ἐγγίζης alle gegen Clem 122²³ ἐπιστῇς | πρὸς θύραις B, προθύραις A, θύραις Clem, προθύροις Schleusner.

9ᵃ für הֹדְךָ hat der Grieche nicht etwa חַיִּיךָ gelesen, sondern er hat הֹד wie andre כָּבוֹד für seele genommen.

10ᵃ μὴ > A 103, mit recht. es ist mir undenkbar, dafs von einem mit פֶּן eingeleiteten satz ein zweiter ebenfalls mit פֶּן anfangender abhängen sollte: der zweite wird durch וְ angeknüpft. kann also פֶּן hier nicht ursprünglich sein, weil es nicht hebräisch ist, so ist es ja sehr möglich, dafs unser interpret es nicht gelesen, also auch nicht übersetzt hat.

11ᵃ וְנִחַמְתָּ καὶ μεταμεληθήσῃ = וְנִחַמְתָּ (Vogel) | ἐπ' ἐσχάτων ABאן und mit folgendem σου zz 147 157 254 295 297 ist revision = בְּאַחֲרִיתֶךָ: echt ἐπὶ γήρως Clem 122²⁴.

11ᵇ שְׁאֵרְךָ וּבְשָׂרֶךָ σάρκες σώματός σου = בְּשַׂר שְׁאֵרֶךָ.

12ᵇ וְתוֹכָחוֹת καὶ ἐλέγχους = וְתוֹכָחוֹת. danach + δικαίων 23 252 297 und die eine familie der constitutionen-hdss Constitt 9⁵, der sich die arabische, aber nicht die aethiopische [11, 15 PPlatt] übersetzung anschliefst.

13ᵃ der alte text hat מוֹרַי וּמְלַמְּדַי und zieht beides zu 13ᵇ: so Constitt 9. revisor καὶ διδάσκοντί με οὐ παρέβαλον 23 106 109 295.

בְּבִרְיָה ἀπὸ σῶν ἀγγείων = מִבִּרְיָה. ܟܠ ἀγγεῖον Geopon 15ᵃ 23, 14 (ιε 32, 2) 99, 3 (ιε 2, 11), κατάκλεισις τουτέστι τὸ πρὸς ὑποδοχὴν ἀγγεῖον 98, 22 (ιε 2, 7), σμηνίον 99, 15 (ιε 2, 15), πάθνη 101, 28 (ιε 4, 1), vgl בִּירָה Buxtorf 1025 (denn so ist nach كوار zu punktieren).

μὴ vor ὑπερεκχείσθω > Ayzא 23 109 147 157 161 248 16ᵃ 252 253 254 260 295 297. Origenes erwähnt II 311ᵃ die verschiedenheit der lesart ausdrücklich. ich muſs die negation für ursprünglich halten, und denke μὴ ὑπερεκχείσθω entspricht Einem hebr wort, wie ὃ οὐκ ἐρείδεται dem הָרָמְצָב entsprach. der revisor stellte die übereinstimmung der übersetzung mit seinem hebr text dadurch her, daſs er μὴ strich.

vor πλατείας sehr nicht σάς sondern τάς. 16ᵇ

בְּדֵיךְ ἰδίᾳ AByz, ἡδεῖα 106 Jäger. Vogel vermuthete im 18ᵃ original בדך, er meinte לְבַדְּךָ.

ἡγείσθω σου und συνέστω σοι müssen verschiedne über- 19ᵃ setzungen des jetzt יָרְיָה geschriebenen wortes sein. da לְהִיךְ (was auch der Syrer las) ohne weiteres dem ἡγείσθω σου entspricht, συνέστω σοι aber יְרְעָה oder יְרְעָה vorauszusetzen scheint, halte ich συνέστω σοι für echt. übrigens Cappell crit sacr III 17, 15ʳᵉᵈᵈ. aus דֵּדְיָה machte der Syrer הָרָבִיָה Dathe opuscula 81 120, die meisten griech hdss ἰδία, ה 23 (wie Schleusner gerathen) φιλία: das wäre הָדְיָה, aber φιλία zweimal hintereinander?

πολλοστὸς ἔσῃ lieſs Cappellus crit sacr IV 2, 28 einem 19ᵇ חִשְׁבָה (statt תִּשְׁבֶּה) entsprechen, allein Scharfenberg bemerkt mit recht, daſs es vielmehr תְּבִיד ausdrücke. in diesem muſs der interpret eine verbalform gesehen haben, תִּקְבְּדִי? ich schlieſse aus dem zusammenhange, daſs er πολλοστός nicht in der gewöhnlichen bedeutung *gemein gering* gebraucht.

תִּשְׁבָּה πολὺς ἔσῃ = תִּשְׁבָּה ܠܠܠ Scharfenberg zu Cappellus 20ᵃ p 545.

τῆς μὴ ἰδίας Bהדה, ταῖς μὴ ἰδίαις Azא 23 68 106 147 157 20ᵇ 161 251 296 297 richtig.

eine übersetzung καὶ ἀπώλετο δι' ἀφροσύνην, die zweite 23ᵇ ἐκ δὲ πλήθους τῆς ἑαυτοῦ ἡλισιότητος ἐξερρίφη. die hdss haben beide, und zwar die echte vor der späteren. Schleusner erkannte im wesentlichen den sachverhalt, während Jäger die jüngere version als duplette zu 23ᵃ ziehn wollte. ἠλιθιότητος ist conjectur Schleusners, πιότητος 106, βιότης 295, βιότητος die übrigen.

6

1ᵇ παραδώσεις σὴν χεῖρα ἐχθρῷ ABγz Clem 168³³, παραδώσεις ἐχθρῷ τὴν σεαυτοῦ χεῖρα 23 252, ἐνέπηξας εἰς ἄλυσιν χεῖρά σου ein scholion bei LBos. keiner der drei hat den plural בְּכַפֶּךָ gehabt; man giebt auch nur die hand, nicht die hände. statt יָדְךָ hatte der dritte כַּף (Schleusner).

2ᵇ χείλεσιν ABא^{ded}ב, ῥήμασιν Clem 168³⁴ nyz 252 297, verbo Specul = ܦܘܡܒ א^{ded}, die übrigen χείλεσιν ܚ^{ded}. Drusius (von Schleusner citiert) erklärte miscell centur I 100 ῥήμασιν für echt: dafs der übersetzer in dem verse zweimal die lippen vorgebracht haben sollte, ist nicht zu glauben.

3ᵃ der Grieche scheint mehr gehabt zu haben als die Masoreten fanden: כִּי בָאתָ בְכַף רֵעֶךָ בְיַד רֵעֶךָ. für κακῶν 106 ἐχθρῶν: hat der Syrer sein leicht in ܚܒܪܟ zu änderndes ܒܥܠܕܒܒܟ aus einer 106 ähnlichen hds?

3ᵇ ἴσθι ABγzא, ἴσθι ܒ Grabe Wesseling [observv 150 von Jäger citiert], richtig, da כַּף übersetzt werden soll | τὸν σὸν φίλον 260 richtiger als τὸν φίλον σου der übrigen.

4ᵇ ἐπινυστάξῃς ABγz Orig II 768ᵈ, νυσταγμὸν derselbe II 552ᵈ, dormitationem III 903ᶜ. ein hauptwort נוּמָה, ein zeitwort נ. sehr mit Schleusner ἐπινυστάξεις.

7ᵃ עֲצֵל γεωργίου = קָצִין: Syrer und Chaldäer קָצִיר (Bochart hieroz II 593). über קָצִין Buxtorf 2018, ܩܨܝܢ bewohner נ Prov 2, 21.

[8] ἢ πορεύθητι πρὸς τὴν μέλισσαν καὶ μάθε ὡς ἐργάτις ἐστί τήν τε ἐργασίαν ὡς σεμνὴν ¹) ποιεῖται ²). ἧς τοὺς πόνους βασιλεῖς καὶ ἰδιῶται πρὸς ὑγίειαν προσφέρονται. ποθεινὴ δὲ ἔστι πᾶσι καὶ ἐπίδοξος. καίπερ οὖσα τῇ ῥώμῃ ἀσθενής, τὴν σοφίαν τιμήσασα προήχθη. > y. die des parallelismus membrorum entbehrende form und die idiomatisch griechischen ausdrücke beweisen, dafs dieser zusatz keine übersetzung ist. vgl CL Valckenaer

---

¹) an σεμνήν nahm S Buchart mit recht anstofs. ܗ hat ܟܫܝܪܐ, ἐραστήν oder ἐρασμίαν? | ²) ποιεῖται ABzא, ἐμπορεύεται ܗ 23 252 Constitt 95¹².

zu Eurip Phoeniss 30. ἐργάτις Aristot 627ᵃ 12 Lucian 6, 7 Anthol ϑ 404, 8: ἐργάτις Arist 623ᵇ 26. 624ᵇ 8. 625ᵇ 24. 626ᵇ 29: ἐργάζεσϑαι 553ᵇ 21. 624ᵇ 31. 34. 625ᵇ 22. 626ᵇ 8. 11. 23. 627ᵃ 6. 7. 9. 21. 30. 627ᵇ 1: ἐργατικὸς 622ᵇ 19. 627ᵇ 9: ἔργον 625ᵇ 18. 626ᵃ 1. 627ᵃ 20: ὄργανον Sophocles bei Clemens 204, 33. πόνος Geopon ιε 3, 5 vgl πόνημα Eurip Iphig taur 165, κάματος Hesiod werke 303. προσφέρεσϑαι Athenaeus β 26. σοφὴ Plutarch moral III 326 [Tauchnitz] Lucian 6, 7 Geopon ιε 3, 1.

ἐγερϑήσῃ ABγz, ἀναστήσῃ 260, was sonst ᾿ΑκΣΘ zuge- 9ᵇ schrieben wird.

ὀλίγον δὲ κάϑησαι, dem im hebr nichts entspricht, müfste 10ᵃ מְעַט שֵׁבֶת gelautet haben. diese worte sind dem vorhergehenden מְעַט שֵׁנוֹת so ähnlich, dafs sich denken liefse, sie seien vom schreiber des masoretischen archetypus um dieser ähnlichkeit mit den vorhergehenden willen übersehn worden.

das im niedersemitischen für κακός gebräuchliche wort בְּאִישׁ 11 sieht dem רָאִישׁ so gleich, dafs man sich erklären kann, wie abschreiber es vor רָאֻשֶׁה übersahen. gerade die Proverbien kennen √ בָּאִשׁ in der bei den Aramäern üblichen bedeutung: הַבְאִישׁ 13, 5: מַבְאִישׁ 10, 5. 12, 4. 14, 35. 17, 2: denn dies denkt nicht daran, von בָּשׁ ܒܐܫ herzukommen, sondern ist ein durch die punktation verdunkeltes מַבְאִישׁ, wie die Syrer ܒܐܫ trotz ܦܠ und ܐܦܠ ohne Olaf schreiben. vgl zu מֹשִׁיבָה 1, 32ᵃ.

der zusatz ist nichts als ein echt jüdisches spiel mit dem 11[11] vers des masoretischen textes: man deutete aus den worten ihr gegentheil heraus. ἐὰν δὲ ἄοκνος ᾖς, ἥξει ὥσπερ πηγὴ ὁ ἀμητός σου, ἡ δὲ ἔνδεια ὥσπερ κακὸς δρομεὺς ἀπαυτομολήσει = יָבֹא כְבֹד חֲלַף גְדִישָׁךְ וְיַחֲסֹרֶךָ כֹהֶם בְּרֹאשׁ נָלִז für ἐὰν δὲ ἄοκνος ᾖς braucht sich natürlich nichts entsprechendes zu finden; diese worte leiten nur den midrasch ein. כְבֹד חֲלַף erkannte Hitzig. ἀμητος Ammonius 15: ܚܨܕܐ garbenhaufen Geopon 10, 7. בְּאִישׁ = ܨܠܝ, was noch in den nitrischen hdss mitunter für ܒܝܫ erscheint.

hinter παράνομος ist ein komma zu setzen und παράνομος 12ᵃ als praedikat zu nehmen, καί auch. vgl den anfang des Xystus.

Jäger verweist auf 16, 29 als die quelle von ὁδοὺς οὐκ ἀγα- 12ᵇ θάς. für οὐκ ἀγαθάς geben א 23 161ʳᵃⁿᵈ 252ʳᵃⁿᵈ σκολιάς, aus diesem σκολιάς entstand in 260 κακάς.

14ᵃ für διεστραμμένη καρδία sehr διεστραμμένη καρδίᾳ. ἐν παντὶ καιρῷ gehört zu 14ᵃ (so B^Mai): dafs es allgemein zu 14ᵇ gezogen wurde, sehn wir daraus, dafs die durch die falsche theilung des verses veranlafste änderung des πολλὰς 14ᵇ in πόλει in allen hdss aufser in 106 steht. Constitt 71¹³ findet sich noch eine spur der richtigen lesart.

14ᵇ der zu ταραχάς am rande von 161 hinzugefügte ἀντιδικίας wird dem Aquila gehören.

15ᵇ וְיֻכַּר καὶ συντριβῇ = יִשָּׁבֵר.

16ᵃ שָׁשׁ χαίρει = שָׂשׂ (Jäger) | Θεὸς B? richtig, κύριος Ayz הוה 23 68 103 109 147 157 161 248 252 253 254 260 295 = יהוה.

16ᵇ וְנִשְׁבַּר συντρίβεται ABy z oder συντριβήσεται 254 297 = וְנִשְׁבַּר oder יִשָּׁבֵר (Jäger).

17ᵇ αἷμα δικαίου B ח = דַּם־נָקִי, αἷμα δίκαιον in Ayz ל? entspricht dem masoretischen דַּם־נָקִי.

18ᵇ לְהָרִיג fehlt dem Griechen: der kopist des masoretischen archetypus hatte falsch לרג statt לרג geschrieben und dies לרג zu punktieren vergessen, nachdem er לרג dahintergesetzt | am ende + ἐξολοθρευθήσονται εκη^mkl 23 68 109 147 161 252 254 295 297.

19ᵃ יָרִים ἐκκαίει AByz הרם, εκκεει 23, εκχεει 103, ἐκπνεύει [so!] „verbessert" Schleusner. Grabe prolegg zu tom IV 4, 3 zeigt, dafs unser interpret 6, 19. 14, 5. 25 יָרִים ἐξέκαυσε giebt, und ändert darum 19, 5 ἐγκαλῶν in ἐκκαίων.

20 der Grieche מִצְוָה und תּוֹרָה, 161^rand glossiert πατρός mit τοῦ θεοῦ, μητρός mit τῆς ἐκκλησίας.

22ᵃ אָנָּא תְּנָה ἐπάγου αὐτὴν καὶ μετὰ σοῦ ἔστω = אָנָּא אִתְּךָ תְּנָה (Jäger).

23 Clem 154¹⁹ λαμπτὴρ ἐντολὴ ἀγαθή, νόμος δὲ φῶς ὁδοῦ· ὁδοὺς γὰρ βιότητος ἐλέγχει παιδεία.

23ᵇ sicher hatte der Grieche וּבְרִית וְתוֹכַחַת (Vogel).

24ᵃ רַךְ ὑπάνδρου = רַךְ (Vogel).

25ᵇ echt μηδὲ ἀγρευθῇς τοῖς ὀφθαλμοῖς, revisor μηδὲ συναρπασθῇς ἀπὸ τῶν αὐτῆς βλεφάρων, ein späterer μηδὲ συναρπασάτω σε τοῖς βλεφάροις αὐτῆς 23 252. die echte übersetzung und die die des revisors hintereinander (Jäger) haben alle aufser 23 252, welche die des revisors auf die angegebne weise ersetzen.

27ᵃ ἀποδήσει AByz הרם, ἀποθήσει 260.

רֵעֵהוּ ὕπανδρον, revisor τοῦ πλησίον αὐτοῦ Chrysost (bei 29ᵃ Parsons) ח und ΣΕ bei ח^rend.

echt οὐκ ἀτιμώρητος ἔσται κακῶν. so א, nur ohne κακῶν, 29ᵇ wie 11, 21. 19, 5. 9. 28, 20. οὐκ ἀθωωθήσεται mag Aquila gehabt haben. die echte übersetzung findet sich in 23 252 [hier ατιμωτερος] von ὡσαύτως gefolgt vor οὐκ ἀθωωθήσεται, A Byz חנף haben nur οὐκ ἀθωωθήσεται.

πεινῶν B 23, πεινῶσαν richtig Ayz רעב 68 103 106 109 147 30ᵇ 157 248 252 260 295 296 297.

wer ἀπώλειαν περιποιεῖται übersetzt hat, muſs מַשְׁחִית רֵעֵהוּ 32ᵇ gelesen haben. in 106 steht am rande δια ενδειαν πτοχειαν· εστυταν τον εντερον· φρενων· χλευαζειαν· και μοριαν. dies ist zu schreiben διὰ ἔνδειαν (πτωχείαν) φρενῶν καὶ μωρίαν· στερεῖται τῶν ἐντέρων· χλευασίαν. στερεῖται hätte ich aus εστυταν kaum herausgefunden, wenn nicht bei Drusius aus Aquila στερεῖται für חסר notiert gewesen wäre: Aquila dachte wohl an ἐξεντερίζεσθαι und rückenmarksleiden, Jude genug ist er für so specielle deutung. χλευασίαν [zu רֵעַ gehörig?] ist glosse zu ἀπώλειαν, in wahrheit aber die echte übersetzung des מַשְׁחִית gelesenen מַשְׁחִית.

für ὑποφέρει sehr ἀποφέρει. 33ᵃ

εἰς τὸν αἰῶνα > hebr, לְכָלָם ist vor לֹא חֵן ausgefallen. 33ᵇ

7

υἱέ, τίμα τὸν κύριον καὶ ἰσχύσεις, πλὴν δὲ αὐτοῦ μὴ φο- [2] βοῦ ἄλλον > hebr. daher Ignatius Rom 7 p 51 Cureton = martyr 18 οὐκ ἔστιν ἐν ἐμοὶ πῦρ φιλοῦν ἄλλο τι?

ἐπὶ τὸ πλάτος alle, ἐπὶ τῆς πλακός Drusius quaest ebr II 79. 3ᵇ

לַבִּינָה תִקְרָא τὴν φρόνησιν περιποίησαι σεαυτῷ. dies ist 4ᵃ nicht = הֲבִינָה תִקְנֶה (Jäger), sondern ל von לַבִּינָה ist von dem aramäisch redenden interpreten als accusativzeichen genommen, ܠܡܐ ist näher als תִקְרָא.

aus ἀλλοτρίας καὶ πονηρᾶς wird wohl πόρνης καὶ ἀλλοτρίας 5 werden werden müssen: aus זָרָה wurde זֹנָה herausgelesen.

בַּשּׁוּק > AByz: ἐν ἀγορᾷ 103 252 stammt nach ח aus Ἀκθ. 8 Constitt 8⁹ ἐν ἀγορᾷ statt παρὰ γωνίαν, א beides.

λαλοῦντα ist von Cotelier zu Constitt α 7 besprochen, der 8ᵇ ἁλοῦντα schreiben oder im hebr text יְרַצֵּעַ voraussetzen wollte, καλοῦντα die pariser hds 495. ἀλῶντα wünschte Grabe prolegg

IV 3. ein blick in die wörterbücher widerlegt diese einfälle. ich mache χλιδῶντα aus λαλοῦντα, da אֲבְדָּה צְבְדָּה χλιδῶν sind. ἀλύοντα Jäger.

10^b für ἐξίπτασϑαι führt Jäger Hesiod ἔργα 98 Eurip Electra 944 an und vergleicht ἀνίπτασϑαι Sophocl Antig 1308 Ajax 693, πτεροῦν ἀναπτεροῦν Longus β 4 Aristoph vögel 1436. näheres eingehn auf diese stellen wird zeigen, wie unähnlich sie sind: auch vermag ich nicht anzugeben, was der interpret gelesen hat, wenn ἐξίπτασϑαι richtig ist. sehr ἐξίπτασϑαι: ἔκστητον φρενῶν Eurip Bacch 850, ἐξέστην φρενῶν Orest 1021 und oft. für נְעָרָה las der Grieche מְצִירָה: Michaelis weist ܩܶܢ als vertreter von צִיר שְׁבִין פֶּצִיצ nach [zu Castell lex syr 755]: ܠܳܐ ܥܰܡܶܠ ἰλιγγιᾷ Geopon 110, 5 [= ܡ̇ 9, 5].

11^a וְכִרְיָת καὶ ἄσωτος = וּבְרָיָתָה. ܨܡܳܦ aἰσχρός Euseb Θεοφ 2 A 3^17 = demonstr 83^37 [Stephan]: ܨܡܦܳܐ προὐβαλε B 3^25 = laud Const 11 ἐξενήνοχε Analect 169, 20. stammverwandt ܨܡܦܳܐ ἀτέλγεια Reliqq 71, 13: zweibuchstabige wurzel ית.

12 hinter πλατείαις ein komma zu setzen.

16^b ἀμφιτάπεις traue ich unserm freunde nicht zu, ἀμφιτάπησι Constitt 8^19 nur Turrian, aber 23 αμφιταποις ιδε bei Parsons ist nichts anders als das geforderte ἀμφιτάπησι δέ.

17 בי zieht der Grieche zu 17^a, in 17^b liest er für אֹהָלִים (Cotelier zu Const α 7) אָהֳלִי. קִנְבֹּן ohne copula.

19^a ἐν τῷ οἴκῳ αὐτοῦ = בְּבֵיתוֹ 23 gehört dem revisor.

19^b + συμπλακῶμεν ἐν ἀγαπήσεσιν 260, das ist nichts anders als 18^b in einer jüngeren übersetzung.

20^a ἐν χερσὶν αὐτοῦ yz 68 161 260 295 scheint echt, ἐν χειρὶ αὐτοῦ AB = בְּיָדוֹ.

20^b δι' ἡμερῶν πολλῶν ist verdächtig. כְּבָא musste der interpret aus dem täglichen leben kennen, ܛܠܐ Geopon 7, 2 διχομήνη = نصف الشهر. πολλῶν > 68, wie ich gewünscht hatte: δι' ἡμερῶν ist aus διχομήνης entstanden.

22^a בְּאֵרֶם κεπφωθείς = בְּאֵ, welches unwort der interpret aus בְּאֵרֵם als nebenform für פֶּה nahm (Bochart hieroz II 265). Cotelier zu Constitt α 7 citiert Cicero an Atticus XIII 40 κεπφοῦμαι. κεπφοῦν Epiphan haer 265^b, κεπφοῦσϑαι 234^c 388^d 621^c. Jäger verweist auf Erasmus adag II 2, 33. הֻבָא = ἄγεται? כָּבָה wird in einem targum ܛܠܐ übersetzt gewesen sein: das ist λαβὶς Geopon 103, 12 = اكلب : dies wort wurde missverstanden, und so kam κύων in die übersetzung.

מֶשֶׁךְ δεσμοὺς = מֹשְׁכוֹת von אֶסֶר (vgl Bochart), אַיָּל wird 22ᵇ als אֶרֶז zu 23ᵃ gezogen (derselbe).

Jäger citiert Ilias χ 161 περὶ ψυχῆς θέον Ἕκτορος, Xeno- 23ᵇ phon Anab α [5, 8] ὥσπερ ἂν δράμοι τις περὶ νίκης.

fehlte dem Griechen: καὶ μὴ πλανηθῇς ἐν ἀτραποῖς αὐτῆς 25ᵇ (Ayz א 23 68 106 161 248 252 254 260 295 297 gehört nach ת dem Theodotion, vgl zu 3, 17ᵇ.

יֹרְדֵי καταγουσαι = מוֹרִידֹת. 27ᵇ

8

לְפִי קָרֶת δυναστῶν, Jäger vermuthete τῶν ἄστεων. 3ᵃ

הָבְאִים ἐνθετθε = הָבְאִים (Jäger). 5ᵇ

ἀνοῖτω Byz; ἀνοίγω A 103 106 109 252, ἀνοίξω 23 stimmt 6ᵇ genauer zu מִפְתָּח.

וְתֵלְכֶבְתִּי בְּשָׂרִי רָשָׁע der Grieche. 7ᵇ

πάντα ἐνώπια τοῖς συνιοῦσι ΑΒyz, ἅπαντα ὀρθὰ ἐνώπιον 9ᵃ τῶν συνιέντων Clem 287²², πάντα εὐθεῖά ἐστι τοῖς νοοῦσι 23.

καὶ ὀρθὰ τοῖς εὑρίσκουσι γνῶσιν ΑΒyz, ὀρθὰ δὲ τοῖς 9ᵇ βουλομένοις ἀπενέγκασθαι αἴσθησιν Clem 129⁵ Orig IV 253ᵈ [der nur ἀπονείμασθαι hat].

μου + nach παιδείαν 23, aus dem masoretischen text. 10ᵃ

echt ἀναιρεῖσθε δὲ αἴσθησιν χρυσίου καθαροῦ (Jäger), 10ᵇ revisor (älter als Clemens 100⁴⁴ 129⁵) καὶ γνῶσιν ὑπὲρ χρυσίον δεδοκιμασμένον. der echte text ist aus Bᵗᵉˣᵗ und den meisten armenischen bibeln ganz verdrängt worden, Clemens 129⁵ Ayz 68 103 106 161 ᵒᵇᵉˡ 248 252 253 260 295 296 haben beide übersetzungen, die echte meist mehrfach verdorben: A giebt zum beispiel καὶ ἀργυρίου für καθαροῦ. der Grieche las נִבְחָרָה als praedikat zu דַּעַת.

Jäger vergleicht Aristoph Plut 564 κοσμιότης οἰκεῖ μετ' 12ᵃ ἐμοῦ und den dichter bei Plutarch moral I 114 [Tauchnitz] παρὰ δ' αὐτῇ χάριτές τε καὶ ἵμερος οἰκί' ἔθεντο: בַּבְרֶךְ bleibt anstößig.

שׂנֵא פִי μισεῖ = פִי שֹׂנֵא. 13ᵃ

כִּי תַהְפֻּכֹת hat der alte interpret mehr erklärt als übersetzt: 13ᵇ διεστραμμένας ὁδούς. das hinter diesen worten stehende κακῶν ist nichts als eine zweite version von רָע = רָעִים = dem vorhergehenden πονηρῶν. hinter diesem πονηρῶν steht in 23 106 252 295 das fabrikat des revisors καὶ στόμα ἄπιστον (+ ἐμίσησα ἐγὼ 106, + μεμίσηκα 295).

16ᵇ   בֹּל > griech.
17ᵃ   der Grieche übersetzt das קְרִי.
17ᵇ   hinter εὑρήσουσι + με 252 nach dem hebr, + χάριν Ayz*
     68 103 106 109 147 157 161 248 253 254 260 295 296 297,
     + εἰρήνην Ignat an Maria 3 Clem 170 ᴬ⁴. B hat kein objekt zu εὑρήσουσι.
18ᵇ   πολλῶν sehr παλαιῶν (Grabe).
20ᵇ   δικαιώματος B, δικαιοσύνης Ay 68 248, ἀληθείας א ʳᵃⁿᵈ x
     23 109 147 157 161ʳᵃⁿᵈ 252 254 297, εὐθείας 106.
[21] ἐὰν ἀναγγείλω ὑμῖν τὰ καθ' ἡμέραν γινόμενα, μνημονεύω τὰ ἐξ αἰῶνος ἀριθμῆσαι ¹) > hebr. diese stichi stehn nicht an ihrer richtigen stelle, da niemand die eintheilung seiner rede in die mitte seines vortrages setzen wird (Jäger).
22ᵃ   κύριος ABγzאנה, richtig ὁ θεὸς Philo I 362 Orig III 788ᶜ | ἐκτήσατό με für קָנָנִי Aquila nach Epiphan ἄγκυρωτός 49ᵇ, allein schon Philo las so: ܠܝ ἐκτήσατο Reliqq 79, 6 Analect 172, 18 Tit Bostr 37, 16. 38, 8. 39, 31. 41, 15. 42, 2. 11. 24. 43, 28. 73, 11. 78, 13. ἔκτισέ ABγzאנה ²) = ἔκτισε 23 252. Epiphanius καὶ οὕτω δύναται ἑρμηνεύεσθαι Κύριος ἐνέσσευσέ με: Drusius observv VII 1 denkt dabei an קֵן νοσσιά Prov 16, 16 (Sirach 1, 15). Jäger hielt ἐκύησε für möglich, vgl Jacob 1, 18. ohne eine genaue kenntniss der jüdischen theologie jener zeit wird nichts zu machen sein: ich bin nicht im stande die quellen chronologisch zu ordnen, wage daher auch nicht meine bemerkungen vorzulegen: nur Einen punkt will ich berühren. die weisheit wird in jüdischen werken nicht selten mit der vor gründung der welt erschaffenen תּוֹרָה identificiert und אֲנִי 30ᵃ קֶדֶם כָּבֵל erklärt, Jalqûth § 942 בְּרֵאשִׁית רַבָּה anfang: ist ὁ νόμος παιδαγωγὸς εἰς χριστόν Galat 3, 24 aus solchen anschauungen zu erklären, so wäre in den augen des apostels χριστός mit unsrer הַבָּמָה = תּוֹרָה nicht identisch. wie konstant die jüdische überlieferung der

---

¹) ἀναρίθμητα 103, ἀριθμηθέντα 295. | ²) קנה auch absolut der schöpfer אלהים קנה 25ᵇ Amsterdam 1708, der כֹּלָם בֹּל ebenda 19ᵃ. vgl Huet zu Orig.

ersten jahrhunderte ist, dafür nur Ein beispiel. Prov 1, 26ᵃ hat Symmachus für אֶרֶד συνταγή, was 'ΑκΣ sonst für מַלְכֵי brauchen. derselbe schlechte witz (nur umgekehrt) findet sich in der Mischna zu anfang von עֲבוֹדָה זָרָה: بعل ‌‌‌‌‌ ist in אֶרֶד verwandelt, angeblich nach Deut 32, 35.

נְבִבְתִּי ἐθεμελίωσέ με = נוֹסַדְתִּי (Vogel). 23ᵃ
נְבִבְרִי > griech. 24ᵇ
κύριος = אַל קַד? | χῶραι bebautes land Jacob 5, 4 vgl Mtb 26ᵃ 24, 18 ἐν τῷ ἀγρῷ = Luc 21, 21 οἱ ἐν χώραις, Drusius zu Luc 12, 16 Graevius lectt hesiod 8 (alles aus Jäger).

οἰκούμενα ist verderbt | τῆς ὑπ' οὐρανὸν = תֵּבֵל und 28ᵇ 26ᵇ = תֵּהוֹם? hier οὐρανῶν B, τοῖς 106: schreibfehler.

τῆς ὑπ' οὐρανὸν ABγz ist hier falsch (= 26ᵇ), Justin und 28ᵇ Irenaeus hatten noch das richtige ἀβύσσου.

was vor אֲרֻבֹּת steht > LXX: Theodotion (so ⁿ) ἐν τῷ τι- 29 θέναι αὐτὸν ¹) τῇ θαλάσσῃ ἀκριβασμὸν αὐτοῦ, καὶ ὕδατα οὐ παρελεύσονται ²) στόματος ³) αὐτοῦ, yzא 23 68 103 106 109 147 248 252ʳᵃⁿᵈ 253 254 260 295 297 | בְּחֻקּוֹ ὡς ἰσχυρὰ ἐποίει = בְּחֻקּוֹ (Vogel).

אָצֵל ἁρμόζουσα = אֲצִילָה: اصل für προσμένων πυκνὸς 30ᵃ ἐκτενὴς προσκαρτερῶν εὐπρόσεκτος. die zu 22ᵃ erwähnten anschauungen sind also keine aegyptischen, oder wenigstens in Aegypten nicht alt. Jäger schon zog καθ' ἡμέραν zu προσέχαιρε, er schlug vor δὲ nach εὐφραινόμην zu stellen; so haben 23 295 Euseb demonstr ε 1, 27.

der Grieche בְּתַבְלִית מִשְׂחָק und שַׁעֲשֻׁעָי. 31
32ᵇ steht nach dem ersten gliede von 34. 32
> griech. doch wird 32ᵇ 33 in Ayzאה 23 68 103 106 109 33 147 161 248 252 253 254 260 295 296 297 ergänzt: καὶ μακάριοι οἱ ὁδούς μου φυλάσσοντες ⁴). ἀκούσατε παιδείαν [σοφίαν ⁵)] καὶ σοφίσθητε καὶ μὴ ἀποφραγῆτε.

ἀγρυπνεῖν und τηρεῖν für ἀγρυπνῶν und τηρῶν zu schreiben? 34
מוֹצָאֵי מוֹצָאֵי (Vogel). 35ᵃ

---

¹) αὐτὸν fehlt in den meisten hdss | ²) παρελεύσεται 23 106 109 147 254 295 z | ³) τὸ στόμα 103, στόμα 23 106 161ʳᵃⁿᵈ 253 254 260 297 Euseb | ⁴) oder οἱ ὁδούς μου φυλάσσουσι = φυλάξουσι | ⁵) durch das folgende σοφίσθητε veranlasst.

9

1ᵇ   הַגְּבִהָה ὑπήρεισε = הִצִּיבָה (Vogel).
2ᵃ   εἰς κρατῆρα > hebr: בבב konnte vor מבב leicht übersehn werden.
3ᵃ   τοὺς ἑαυτῆς δούλους wäre נְעָרֶיהָ, aber ich glaube τὰς ἑαυτῆς δούλας herstellen zu müssen. Matth 22, 3 veranlaſste einen christen zu ändern: vgl meine Reliquiae graec 79, 18-26 | תִקְרָא ist an 3ᵇ abgegeben.
3ᵇ   קָרָא בְּרָחֲבֵי galt als adverbialer zusatz, in welchem קָרָה von קָרָא hergeleitet wurde.
5ᵃ   τῶν ἐμῶν ἄρτων AB מה Orig II 551ᵈ Cyrill 154²⁶, τὸν ἐμὸν ἄρτον yz Orig I 483ᶜ II 757ᶠ III 193ᵈ [hier übersetzt Hieronymus panes meos]. der revisor wuſste wohl nicht, daſs לְחָם keinen plural hat: er zog das dem בְּלַחֲמִי scheinbar mehr entsprechende τὸν ἐμὸν ἄρτον auch wohl mit darum vor, weil es gelegenheit gab an Joh 6 und das abendmahl zu denken. die hier redende weisheit war ja in den augen der ältesten christen ohne weiteres = Jesus. ἄρτον θεοῦ θέλω Ignatius Rom 7.
6ᵃ   echt ἀπολείπετε ἀφροσύνην καὶ ζήτετε. hinter ἀφροσύνην schob sich in ABJ aus Sap 6, 23 ἵνα εἰς τὸν αἰῶνα βασιλεύσητε ein: z hat am ende des hemistichs εἰς τὸν αἰῶνα βασιλεύσετε. über dem letzten worte von 6ᵇ muſs einmal als glosse oder correctur φρόνησιν gestanden haben: dies verirrte sich hinter ζήτετε und bewirkte dessen umwandlung in ζητήσατε¹), da der accusativ φρόνησιν ein verbum transitivum verlangte. in dem so entstandnen καὶ ζητήσατε φρόνησιν konnte der revisor nicht mehr die übersetzung von וִחְיוּ erkennen; er holte dies also hinter jenen worten mit dem in B fehlenden ἵνα βιώσητε nach.
6ᵇ   echt καὶ ὀρθῇ ὁδῷ φρονήσατε παιδείαν. dem interpreten mochten אַשְׁרוּ יָשָׁר ebenso zusammengehörig erscheinen, wie den späteren Griechen etwa ἐνδελέχεια und ἐντελέχεια: sowohl יָשָׁר als יַשֵּׁר und אַשֵּׁר klingt in der übersetzung an. über ὀρθῇ ὁδῷ schrieb ein Alexandriner die glosse γνῶσει: vgl die auseinandersetzung über das verhältniſs von ὁρμή und γνῶσις bei Clemens 275⁴³⁻⁵¹. die revisoren sahen nicht ein, daſs unser freund

---

¹) das exemplar wird also ζήσετε gehabt haben, aus dem ζητήσατε leichter hervorgehen konnte als aus dem von yz gebotnen ζήσεσθε.

das ihm unerträglich scheinende „erziehet den gedanken" in „denkt an erziehung" nur umgestellt habe: sie glaubten בִּנָה durch παιδείαν übertragen, und der vermeintliche schnitzer wurde durch σύνεσιν oder [zu 6ª] φρόνησιν corrigiert: dafs für אִם κατορ-θώσατε gesetzt werden würde, hätte ich voraussagen wollen. so entstand καὶ κατορθώσατε ἐν γνώσει σύνεσιν. in ABγנב erscheint 6ᵇ nur in dieser gestalt: א schickt der missgeburt noch den echten text voraus, den griechische hdss, als wäre es ein stiefkind, bald hierhin bald dahin stofsen.

echt οἱ δὲ ἔλεγχοι τῷ ἀσεβεῖ μώλωπες αὐτῷ = וְתוֹכָחֹת 7ᵇ ⸰ לְכְסִיל שְׁבָטִים. ܠܚܢ narbe Athan 45, 21. revisor ἐλέγχων δὲ τὸν ἀσεβῆ μωμήσεται ἑαυτόν. ABγאנב haben nur den zweiten text, ח^obel z 23 68 109 147 157 161 254 295 297 den ersten nach dem zweiten.

am ende + ἄσοφον καὶ μισήσει σε A 161^rand 248 252 253, s ἄφρονα καὶ προσθήσει τοῦ μισῆσαί σε 254, ἔλεγξον ἄφρονα καὶ μισήσει σε 296. zu 8ª gehörig? ασοφον und αφρονα sind aus einander entstanden, ich weifs nicht welches aus welchem.

φόβος κυρίου ABγזאנב, θεοσέβεια Clem 170⁵¹ wohl echt. 10ª in drei übersetzungen vorhanden: 1 τὸ δὲ ¹) γνῶναι νόμον 10ᵇ διανοίας ἐστιν ἀγαθῆς, 2 σύνεσις δὲ ἁγίων προμήθεια, 3 καὶ βουλὴ ἁγίων σύνεσις. nur 1 citiert Clem 152⁵¹, 2 vor 1 derselbe 170⁵¹, 3 vor 1 haben ABγזאנב. echt ist die erste, schon weil sie die eigenthümliche abneigung unsres freundes theilt, ein hauptwort als praedikat zu nehmen: er mag nicht sagen בִּינָה sei בְּיָה, sondern umschreibt.

בְּ τούτῳ τῷ τρόπῳ = בָּה auf בִּינָה 10ᵇ bezogen | πολὺν 11ª ζήτει χρόνον 23 mit der bis ins zweite jahrhundert üblichen schreibung statt des spätern ζήτῃ A 260, ζητης 109 = ζήτεις B: oben 6ª brauchte der interpret ζήσετε. den sicher beabsichtigten jambischen tonfall vernichtet 103 πολλοὺς χρόνους ζήσεις. χρόνος jahr oben 4, 11ᵇ.

σου Bz, > Aγאנב 23 103 106 147 161^test 248 252 253 254 11ᵇ 260 295.

es versteht sich, dafs der nachsatz mit σεαυτῷ anfängt. der 12ª Grieche + am ende καὶ τοῖς πλητίον Bאנב (σου folgt noch in

---

¹) δὲ Aγz 23 68 106 109 248 252 295 Clem, γὰρ B.

23 68 252 295 297 Jz) oder καὶ τῷ πλησίον A (σου folgt noch in 106): y hat keinen zusatz. Jäger bemerkt, dafs לְרֵעֲךָ 12ᵇ für die ursprünglichkeit dieses וּלְרֵעֲךָ oder לְרֵעֶךָ zeugniss ablege.

12ᵇ ἂν vor ἀντλήσεις fehlt, wie es auch mufs, in A 103 106 147 248 252 297 yz: Jäger verweist wegen ἀντλεῖν oder ἐξαντλεῖν κακὰ auf Gataker zu Antonin δ 50: ich denke an Eurip Hippol 898 Cycl 110 282 Med 79.

im griechischen text folgen nun 6 sicher auf ein hebr original zurückgehende zeilen, welche den Masoreten fehlen:

1 ὅς ἐρείδεται ἐπὶ ψευδέσιν ¹), οὗτος ποιμανεῖ ²) ἀνέμους, ὁ δ' αὐτὸς διώξεται ὄρνεα πετόμενα ³).
ἀπέλιπε γὰρ ὁδοὺς τοῦ ἑαυτοῦ ἀμπελῶνος,
τοὺς δὲ ἄξονας ⁴) τοῦ ἰδίου γεωργίου πεπλάνηται.
5 διαπορεύεται δὲ δι' ἀνύδρου ἐρήμου ⁵) καὶ γῆν διατεταγμένην ἐν διψώδεσι ⁶),
συνάγει δὲ χερσὶν ἀκαρπίαν.

in z 23 68 106 161 geht noch vorauf, was sich in den andern 10, 4 findet (FLucas notatt § 176), in 260 auf ἀκαρπίαν folgt:
υἱὸς πεπαιδευμένος σοφὸς ἔσται,
τῷ δὲ ἄφρονι διακόνῳ χρήσεται.

13ᵇ Jäger sah, dafs der Grieche פְּתָיִם für פְּתָיִים und כָּל־מָה für מָה gehabt hat. im archetypus des masoretischen textes stand wohl כֹּל von כלמה über der zeile; der erste abschreiber liefs es aus, weil er בל im texte fand, und glaubte, mit jenem כֹּל sei dies בַּל gemeint, der corrector habe sich also geirrt. כָּל־מָה ist durchaus nothwendig.

15ᵃ παριόντας drückt לְעֶבְרֵי דָרֶךְ aus; weil der revisor dies nicht einsah, setzte er ὁδὸν hinzu, das Ayz 23 ᵐᵍ Clem 108 ³² haben.

15ᵇ τοὺς εὐθύνοντας τὰς ἑαυτῶν τροχιὰς Clem 108 ¹².

16ᵇ καὶ τοῖς ἐνδεέσι δὲ y, ἐνδεέσιν δὲ A, καὶ τοῖς ἐνδεέσι B, καὶ τῷ ἐνδεεῖ 23: δὲ = וְ ist echt, der singular in 23 gehört dem revisor = חֶסֶר | φρονήσεως ABy Clem 108 ³¹, φρενῶν z 109 147 157 254 295, revisor καρδίας 161 ʳᵃⁿᵈ = לֵב | וְאָמְרָה παρακελεύομαι ABy z Clem 137⁹ = וְאָמַר, παρακελεύεται Clem 108³³.

---

¹) jeder der griechisch versteht, wird so betonen; die drucke ψεύδεσιν. | ²) ποιμαίνει B Augustin Clem 137 ³ | ³) καὶ διώκει ὄρνεα πτερωτά Clem, πτερωτά auch 23 68 103 106 109 252 | ⁴) τὰς δὲ τροχιὰς Clem | ⁵) διέρχεται δι' ἐρημίας ἀνύδρου Clem | ⁶) καὶ bis διψώδεσι > 23, τὴν ἀοίκητον καὶ δίψιον ἐπερχόμενος γῆν Clem

der hebr text nennt das wasser zuerst, der griech das brot. 17
ἄψασθε ABy חקה, γεύσασθε 161ʳᵃⁿᵈ 252ʳᵃⁿᵈ: רְאֵה sieht al- 17ᵃ
lerdings dem רְאֵה 17ᵇ nicht zu unähnlich; aber angenommen auch,
dafs die Hebräer נְבוּ im sinne von ܐܬܟܠܝ ܐܬܟܠܝ gekannt hätten, würden wir doch gehindert sein, γευσατθε für den ausdruck
eines revisors zu halten, weil ein solcher doch wohl auch die
passivische construction ausgedrückt hätte, und weil die fälle sehr
selten sind, in denen ein revisor eine andre lesart als die der
Masoreten übersetzt. γεύσατθε ist glosse.

ende + πίετε אyz 23 68 106 109 147 157 161 248 252 17ᵇ
254 295 297.

קְרִאיָה ist die veranlassung zu συναντῷ geworden, indem 18ᵇ
der interpret an קרה dachte (Jäger). πέταυρον ist in στέγαστρον zu ändern. folgen 8 zeilen, von denen dasselbe gilt was
von den hinter 12 sich findenden galt: in y fehlen sie, ס nimmt
sie von dem Griechen:

1 ἀλλὰ ἀποπήδησον, μὴ ἐγχρονίσῃς ¹) ἐν τῷ τόπῳ αὐτῆς²)
  μηδὲ ἐπιστήσῃς ³) τὸ σὸν ὄμμα ⁴) πρὸς αὐτήν·
  οὕτως γὰρ διαβήσῃ ὕδωρ ἀλλότριον
  καὶ ὑπερβήσῃ ποταμὸν ἀλλότριον ⁵).
5 ἀπὸ δὲ ὕδατος ἀλλοτρίου ἀπέσχου
  καὶ ἀπὸ πηγῆς ἀλλοτρίας μὴ πίῃς,
  ἵνα πολὺν ζήσῃς χρόνον,
  προστεθῇ δέ σοι ἔτη ζωῆς.
  10

מִשְׁלֵי שְׁלֹמֹה fehlt dem Griechen. 1ᵃ
אוֹצְרוֹת רֶשַׁע [Luc 16, 9] θησαυροὶ ἀνόμους = רֶשַׁע רָשָׁע 2ᵃ
(Jäger).

ψυχὴν δικαίαν ABy חקה Orig IV 245ᵇ Athan L 21, ψυχὴν 3ᵃ
δικαίου אⁱᵉⁿᵗ 23 109 252 297 die übrigen bei ח‎ʳᵃᵘᵈ = נֶפֶשׁ צַדִּיק,
ψυχὰς δικαίων אʳᵃⁿᵈ 260 295 Basil 137¹², ψυχὴν δικαίων 147 z.

וְחַיִּה ζωὴν δέ = חַיִּה (Jäger). 3ᵇ
רָאשׁ πενία = רָאשׁ (Jäger).

---

¹) ἐγχρονίσῃς A 23 103 106 147 161 248 252 253 260 296 Constit,
χρονίσῃς B. | ²) αὐτῆς aus Az 23 68 103 106 252 263 295 297: der griechische text der Constt läfst ἐν τῷ τόπῳ αὐτῆς aus, der arabische hat die
worte. | ³) στησῃς 109, ἐπιστησης A. | ⁴) ὄμμα alle aufser B in der sixtinischen ausgabe, deren ὄνομα druckfehler ist. | ⁵) stichos 4 > B.

[4] was der Grieche hier mehr hat, habe ich schon zu 9, 12 angegeben.

6ᵃ בְּרֹכָת εὐλογία κυρίου = בִּרְכַּת יְהֹוָה. der gottesname war also wohl nur ‎ה geschrieben, sonst wäre er kaum in der andern recension weggefallen.

6ᵇ הֶבֶל πένθος ἄωρον sehr πένθος ἀθρόον, wie Euripides ἀθρόον δάκρυ sagt Hercul für 489. vgl 11, 30ᵇ.

7ᵃ δικαίων ABzא ʳᵃⁿᵈ כה Constitt 138¹³ ¹) 195¹⁰, δικαίου y 23 68 106 147 296 nach צַדִּיק | ἐγκωμίων ABzה Constitt 138¹³ 195¹⁰, ἐγκωμίου yא 161 248 252 nach לִבְרָכָה.

7ᵇ ἀσεβοῦς ABγzא ʳᵃⁿᵈ ב, ἀσεβῶν 23 106 109 147 157 253 260 295 297 א ⁱᵉˢᵗ ח Constitt 138¹⁷ nach רְשָׁעִים.

8ᵇ אֵין ἄστεγος ABγzב, ἄστατος ח 260. א gnףb kann nicht ἄστεγος sein, gnףhn ιβbfib ist ἀσυνθεσία Hierem 3, 7 | σκολιάζων streicht Jäger gegen alle zeugen als zu διαστρέφων = מֶרְמָה 9ᵇ gehörige glosse.

10ᵃ ὀφθαλμεῖς ABג Orig IV 440ᶜ, ὀφθαλμόν 68 248 297 y Clem 108¹⁵, ὀφθαλμῷ אח 109 147 157 254 260 296 z. die singularformen sind korrekturen nach עַיִן.

10ᵇ im hebr ist fehlerhaft 8ᵇ wiederholt, der Grieche hatte noch einen andern text: שֹׁלְכִיךָ קְדוֹשִׁים וְשָׁלִישׁ?

11ᵃ χειρὶ alle, χείλει richtig Grabe.

11ᵇ ἀσεβοῦς ABγzא ʳᵃⁿᵈ ה, ἀσεβῶν א ⁱᵉˢᵗ ב 109 157 = רְשָׁעִים. der stichos ist hier anders übersetzt als 6ᵇ.

12ᵇ ἡ ἀγάπη καλύπτει πλῆθος ἁμαρτιῶν Petr α 4, 8. der Grieche בְּמִישָׁרִים = μὴ φιλονεικοῦντας für עֲצָבִים.

15ᵃ nach ὀχυρά + αὐτοῦ 23, aus dem suffix von עֻזוֹ.

15ᵇ ἀσεβῶν ABγzאה, ἀσθενῶν richtig Grabe und 23.

17ᵃ weg zum leben = ὁδοὺς δικαίας ζωῆς, die revisoren lassen bald δικαίας (אה 23 68 106 248 252 254 260 295 yz) bald ζωῆς (103 109) fort.

17ᵇ παιδεία ist eine fehlerhafte wiederholung aus 17ᵃ, δὲ gehört hinter ἀνεξέλεγκτος. das verderbniss ist älter als Clemens 128⁶. πλανᾶται = תִּתְעֶה (Vogel).

---

¹) der Araber übersetzt § 23 كلٌ بُرِهِ كذٰلك, also δικαίων. die jüngere recension der constitutionen [yzt] δικαίου, was nach dem rande von ח im bibeltext die übrigen lesen. in den Constitt nachher die jüngere recension ἐγκωμίου.

δίκαια für צֶ֫דֶק? Grabes conjectur ἄδικα ist matt, richtig 18ᵃ
δέλια 106: vgl ΔικΑΙΑ und ΔελΙΑ.

λοιδορίας richtig, λοιδορίαν nach dem singular דִּבְה 103. 18ᵇ
der interpret brauchte die anrede, um seinen satz recht all- 19
gemein auszudrücken: jeder schuljunge lernt einmal, wie er das
deutsche *man* wiederzugeben hat. der revisor änderte ἐκφεύξῃ
(die alte schreibung ἐκφεύξει 103 109) in ἐκφεύξεται. am
ende des verses + 260 ἀνὴρ γλωσσώδης οὐ κατευθυνθήσεται
aus Ps 140, 12ᵃ.

πεπυρωμένος sehr πεπειραμένος; denn daſs πυροῦν etwas 20ᵃ
anderes bedeutet als *in brand stecken*, wird erst zu beweisen sein.
πειρώμεθα βασανίζοντες Plato Phileb 21ᵃ, πειραθῶ σκοπῶν
Theaetet 190ᵉ. für γλῶσσα 157 στόμα, echt?

ἀσεβοῦς ΑByz אֶחָד, ἀσεβῶν = רְשָׁעִים ה 103 253. 20ᵇ
δικαίων ΑByz רחיד, δικαίου 296 = צַדִּיק | יְדֵי רָבִים ἐπί- 21ᵃ
σταται ὑψηλά = יְדֵי רָבִית (vgl Vogel).

בַּהֲרָרְבָּם ἐν ἐνδείᾳ = בְּהֶסֶר ohne לֹב. 21ᵇ
ἐπὶ κεφαλὴν δικαίου stammt nach Jäger aus 6ᵃ, > 23. 22ᵃ
ende δουλεύσει δὲ ἄφρων φρονίμῳ + 106: eben diesen 23
aus 11, 29 stammenden satz hat A nach 24ᵃ.

ἀπωλείᾳ ΑByz רחיד, ἀσέβεια 296, ἀπορίᾳ Grabe! der 24ᵃ
Grieche verstand מָגוֹר als nachbarschaft vgl مساكن, für תְּבֹאֶנוּ
hatte er אֲבַדֵּל, weiter vgl zu 9, 10ᵇ. מָגוֹר Hierem 46, 5 περι-
εχόμενοι.

יִתֵּן δεκτή = יָדוֹ vgl Prov 21, 10 | ende + 21ᵇ A. 24ᵇ
dem Griechen fällt gar nicht ein כְּרֹשׁ[!] für יָבֹל zu haben, wie 25ᵇ
neuere dem seiner sache selbst nicht sicheren Jäger nachsprechen:
die zu 9, 10ᵇ erwähnte abneigung des interpreten gegen ein sub-
stantivisches praedikat vermochte ihn, den satz *ein gerechter ist
ein für ewig gelegter grundstein* so zu umschreiben, wie er gethan.
Semler's von Ernesti und Jäger gebilligte änderung ἀκλινής für
ἐκκλίνας ist nothwendig: wer sie annimmt, kann die von Jäger
beigebrachte parallele aus Cicero Catil I 6 nicht brauchen: *parva
quadam declinatione et ut aiunt corpore effugi*. ἐκκλίνας schon
Ignatius (Semler).

βλαβερόν ist ja auch bei einem männlichen subjekt sehr
wohl zu ertragen; auf zwei subjekte *masculini generis* bezogen
widersteht ein im neutrum stehendes adjektives praedikat meinem

sprachgefühl. βλαβερὸς nur A 106 157: ich sehe in dem βλαβερὸν der übrigen den beweis dafür, dafs ὄμφαξ in ὄξος zu ändern ist = יִמְהֶה; den schreibern spielte die erinnerung an Hierem 31, 29 einen streich.

26ᵇ הִצֵּל כִּלְדָּהֵי παρανομία τοῖς χρωμένοις αὐτῇ = הֵזֵל כִּ
לְהַשְׁחִית: اــــــــ ܐܝ ἐχρήσατο Reliqq 69, 6. 72, 18 Clem 128¹³ und oft.

27ᵃ κυρίου ABγz אדֹי, θεοῦ richtig 295.
29ᵃ φόβος ABγz אבֹי, ὁδὸς richtig ה Grabe = דָּרֶךְ.
30ᵃ über ἐνδῦσαι Jensii lectiones lucianeae p 323 (Jäger).
31ᵃ dafs יָדַם hier und יָדִין 32ᵃ mit ἀποστάξει übersetzt worden ist, glaube ich nicht: in unserm verse μελετήσει Orig I 259ᵈ, ἀποστάξει Clem 170⁷, ἀποστάξει 126¹⁸. Jäger meinte יַזִּים oder יַרְעֵם ausgedrückt. 32ᵃ ist mit Grabe ה 23 252 ἐπίσταται zu schreiben.

11

1ᵃ echt ζυγὰ δόλια βδέλυγμα ἔναντι θεοῦ Clem 170⁴, revisor ζυγοὶ δόλιοι βδέλυγμα ἐνώπιον κυρίου ABγz. ζυγὰ und ζυγοὶ Thomas 167, 7: יהוה übersetzt unser freund θεός.

2ᵇ = 13, 10ᵇ. ist בְּנֵי צֶאֱצָאִים oder בְּלָצִים ursprünglich? צֶאֱצָא ist wie ضَرَعَ auf V صنع zurückzuführen: Castellus leitet Isaj 5, 15 يَتَضَع statt von وَضَعَ VIII von ضَعَ ab, so verwandt sind die wurzeln. تمسكن ἐταπεινώθην Ps 38, 9: تواضع das gewöhnliche wort für demuth. ضو nie = ي, daher تـ ganz unverwandt sein mufs. ضَنَعَ = لَي ist im täglichen gebrauch, von den derivaten nur ضنيع gastmahl selten Ibn Khaldûn berbers II 75, 4. الى
πανοῦργος, κακοῦργος Clem recogn 127⁵⁷.

3ᵃ (¹) ἀποθανὼν δίκαιος ἔλιπε μετάμελον = תַּבִּיט מָה יָשָׁר בְּחַם. der Syrer נָקְמָה.
3ᵇ 4 > griech: statt dessen 10ᵇ (Jäger).

---

¹) Theodotion [nach ה] übersetzte 3 und den der LXX fehlenden 4 vers: τελειότης εὐθέων ὀδηγήσει αὐτούς, καὶ ὑποσκελισμὸς ἀθετούντων προνομεύσει αὐτούς. οὐκ ὠφελήσει ὑπάρχοντα ἐν ἡμέρᾳ θυμοῦ, καὶ δικαιοσύνη ῥύσεται ἀπὸ [ῥύσεται ἐκ?] θανάτου Aא⁻ⁿ haben dies vor dem echten 3ᵃ, ebenda mit kleinen abweichungen y 23 68 103 106 157 161 248 252 253 254 260 296 297, nach dem für 3ᵇ gegebnen 10ᵇ stellen es z 109 147. צְדָקָה 4ᵇ kann nach dem zusammenhange nur almosen bedeuten: wie jung mufs also der vers sein!

ἀμώμου Ayzאיה 68 103 106 147 161 248 253 260 = hebr, 5
ἀμώμους Bז Clem 166.³⁴ | Grabe schrieb [unabhängig von עוה]
ἀσεβείᾳ und ἀδικίᾳ, vor ihm wie B^Mai ἀσέβεια und ἀδικία.
δικαιοσύνη kann nur ἀδικία zum gegensatz haben. der Grieche
sprach רָשָׁע: ἄδικος 103 106 296 297 ist korrektur eines späteren, ὁ ἀσεβὴς ΑκϹΘ, ախրուլ א^rand.

ἀπωλείᾳ B richtig, erleichterungen sind ἀβουλίᾳ Αאולתyz 6ᵇ
68 103 254 260 296, ἀσεβείᾳ ח^rand 23 106 109 147 157 252
295 297 161^rand | αὐτῶν > Ayz 68 nach dem jetzigen hebr
text, mir scheint וּבְחַיִּים der Masoreten auf וּבְחַיָּתָם hinzuweisen.

וְתוֹחֶלֶת τὸ δὲ καύχημα = יִתְהַלֵּל (Jäger).   7ᵇ

מִצֵּידָה ἐκ θήρας = מִצִּידָה (Jäger), obwohl ein solches de- 8ᵃ
rivat von ציד nicht existiert. צֵידָה hat mit ציד gar nichts zu
thun (man nimmt doch als reisevorrath nicht wildpret mit, welches man ja unterwegs finden könnte), sondern ist aus dem era-
nischen entlehnt und mit جلى زاد [ἐφόδιον can Nicaen 13] zu
ज़ाद und سىي zu stellen, zu denen das formell genau entsprechende βιοτή gehört.

וַיָּבֹא δὲ παραδίδοται = וַיָּבָא?   8ᵇ
ἀσεβῶν ABγz, παρανόμων 103 106 252^rand 253.   9ᵃ
יַחֲלֹץ εὔοδος = יִצְלַח.   9ᵇ

10. 11ᵃ > LXX, nur 10ᵇ steht vor 5ᵃ. ח giebt dem Theo- 10
dotion ausdrücklich das in einzelnen griechischen bdss sich findende ἐν ἀγαθοῖς δικαίων κατώρθωσε [schr κατωρχήσατο]
πόλις, καὶ ἐν ἀπωλείᾳ ἀσεβῶν ἀγαλλίαμα. ἐν εὐλογίᾳ εὐθέων
ὑψωθήσεται πόλις. wer so lange wie ich bibelübersetzungen
gelesen hat, wird nicht zweifeln, dafs auch die in allen unsern
zeugen stehenden 11ᵇ 12. 13 von Theodotion übertragen sind.

ὥσπερ φύλλα > hebr, aus כְּנָבֵל 28ᵇ (Jäger).   14ᵃ
יָרַע κακοποιεῖ = יָרַע | דַּי δικαίῳ = זֵד, vgl 20, 16ᵃ.   15ᵃ
בְּנֹחַ קְדָשִׁים הָגוּן ἀσφαλείας = חָקַק בְּנָה.   15ᵇ
θρόνος δὲ ἀτιμίας γυνὴ μισοῦσα δίκαια· πλούτῳ ὀκνηροὶ [16]
ἐνδεεῖς γίνονται > hebr.

וְהָרִיצִים οἱ δὲ ἀνδρεῖοι = וְהָרִיצִים (Schleusner).   16ᵇ

רַע σπέρμα = זֶרַע (Jäger) | δικαίων schr δίκαιον | Clemens 18ᵇ
136⁴⁷ hat wahrscheinlich den älteren text erhalten: ὁ σπείρων
δικαιοσύνην ἐργάζεται πίστιν.

בֵּן υἱός = בֶּן (Vogel).   19ᵃ

19ᵇ   רָעָה יְרִידָם διωγμὸς δὲ ἀσεβοῦς = רַד רְדָ יְרִידָךְ.
20ᵇ   ἐν ταῖς ὁδοῖς αὐτῶν B7, revisor ἐν ὁδῷ Αγzאראה 23 68 106 252 260 295 = דֶּרֶךְ.
21ᵃ   ἀδίκως ABγzאראה, ἄδικος richtig Grabe | nach ἔσται + κακῶν yz 23 68 103 252 253 254 295, vor ἔσται dasselbe wort 297: dies gehört einem revisor, der ἀδίκως fand und darin רָד nicht erkannte, רָד mithin nachholen mufste. vgl 17, 5.
21ᵇ   s 18ᵇ. daher stammt wenigstens λήψεται μισθὸν πιστόν, was מְבַלְּב nicht ausdrücken kann | זֶרַע ὁ σπείρων = רָע.
22ᵃ   χρυσοῦν + nach ἐνώτιον yzאראה^ubd 23 68 106 109 157 161 248 252 254 260 295 297 Constitt 12⁶ gegen ABγ Clem 105.⁵².
23   δικαίου 106 295 und ἀσεβοῦς 157 אˡᵘᵇˡ möchte ich wegen der abweichung vom hebr text dem δικαίων und ἀσεβῶν der übrigen zeugen vorziehn.
23ᵇ   קִבְרָה ἀπολεῖται = קִבְרָה (Jäger). midrásch מַדּוּעַ דבחי אָמַר ר׳ יוֹחָנָן שֶׁבְּרָכָה תְּקַרְאֵל שֶׁלְּרָשָׁע בָּאָה גְּבִרָה גְּבוּרָה שֶׁגָּבְרָה.
25ᵇ   der targum וֹלְרָה und יֵרֶה, der Syrer בְּאָרָד und רֹאַל; was der Grieche gehabt, wird niemand sagen, da grundtext und übersetzung verderbt sind.
26ᵃ   echt ὁ συνέχων [verderbt συνάγων 103 253 254] σῖτον ¹) ὑπολείποιτο αὐτὸν τοῖς ἔθνεσιν, also יִשְׁבָּהוּ für יִקְּבֻהוּ (Hitzig) und לְאָבִית für לְאֹם. revisor ὁ τιμιουλκῶν σῖτον δημοκατάρακτος Basilius 153¹¹: dies haben 23 106 א ⁵) hinter ἔθνεσιν: ebenda, nur ἐπικατάρατος, 106: ὅτι μισυλκῶν σῖτον ἐπικατάρατος 68 hinter 26ᵇ. λαοκατάρατος 252 ʳᵃⁿᵈ.
27ᵃ   יִשְׁחָר τεκταινόμενος = חֹרֵשׁ (Vogel).
28ᵃ   nach πλούτῳ + ἑαυτοῦ 23 68 252 y, + αὐτοῦ 103 253 / 260 295: wegen des suffixes von בְּעָשְׁרוֹ vom revisor hinzugefügt.
28ᵇ   der Grieche יַעֲלֶה für וְכָעָלֶה vgl 14ᵃ und יִפְרָה (Jäger).
29ᵃ   in ס doppelt übersetzt: die alte version scheint mir die, welche etwa dem אֲגֻדַּת לְבָבִי וְגָדוֹל חֵטְא בְּרִיא eines midrásch entsprach: ein revisor brachte aus LXX die beiden hervorstechendsten ausdrücke μὴ συμπεριφερόμενος und ἄνεμον hinein; zu

¹) auffallend stimmt der midrásch היה אלא איך־בי (zum beweis citiert er Ps 2, 12) mit Origenes bei Mai NB VII 19 σῖτος ὁ θεῖος λόγος, ὃν κατακρύψαντες οἱ Ἰουδαῖοι κατέλιπον αὐτὸν τοῖς ἔθνεσιν. | ²) dafs א ἐπικατάρατος lese, ist nicht wahr: über den ersten theil des von ihm gebrauchten Հրապարակունք ḋ Lagarde zur urgeschichte der Armenier 282.

dessen ܣܠܘ ܗܝ vgl Geopon 100, 1 [= ιε 4, 2]. der Syrer interessiert uns, weil er für ἄνεμον zeugniss ablegt, ἀνέμους 23 68 106 161 252 254 260 295 297 יען Orig III 9[b] wäre הַיְתָה und ist als vom masoretischen text abweichend vorzuziehn.

צֶדֶק δικαιοσύνης = צֶדֶק (Schleusner). für δένδρον hat 260 30' ξύλον, wohl aus einem späteren übersetzer. יֵץ = עֵץ = αἶθος ist mit ξύλον allerdings besser übersetzt.

der Grieche las רָשִׁים נָשָׂא בְּשֵׂם וְלִבְהָה: Jäger fand wenigstens 30[b] רָשִׁים: Ps 119, 147 נָשֵׂא ἐν ἀωρίᾳ. der kopist, dessen exemplar unsrer version zu grunde liegt, hatte aus versehn נָשָׂא für נָשַׁם geschrieben: er stellte freilich sofort das richtige hinter das falsche, aber da er נָשַׁם zu punktieren vergessen, übersetzte unser interpret getrost beide wörter. doch vgl 10, 6[b]: נָשָׁם könnte absichtlich sein.

citiert Petr α 4, 18. בְּאֶרֶץ ist falsch, der Grieche hatte es 31 nicht. der zusammenhang fordert einen mit μόγις gleichbedeutenden ausdruck. der ältre Semitismus drückte unsre adverbien durch verba aus (Ewald 285'): welches zeitwort hier gestanden kann ich nicht angeben, da vielleicht auch die beiden letzten buchstaben von בארץ falsch gelesen sind.

12

αἴσθησιν ABאלה, σύνεσιν 297 corr.   1[a]

תֹּכָחַת ἐλέγχους = תֹּכָחַת.   1[b]

κυρίου 103 248 253 295, κυρίῳ ABy, κυρίου θεοῦ 23 252, 2[a] κυρίου τοῦ θεοῦ 68 ε '). die alte übersetzung von מֵיְהוָה παρὰ θεῷ steht in 161 am rande und (ohne dafs es jemand gemerkt hat) in allen bdss 2[b] in text. dort ist παρασιωπηθήσεται in παρὰ θῷ und ἡττηθήσεται zu zerlegen: dem κρείσσων 2[a] steht nach griechischem sprachgebrauch ἥσσων gegenüber, παρὰ θῷ wurde zur untern statt zur obern linie gezogen. der Grieche las יֵחָשׁ (Isaj 54, 17 תַּרְשִׁיעִי ἡττήσεις); es ist unmöglich, dafs er יַחֲרִישׁ gehabt und dies παρασιωπηθήσεται übersetzt haben sollte, wie Jäger zum verderben seiner kopisten angegeben, denn יַחֲרִישׁ ist activ und intransitiv, παρασιωπηθήσεται passiv eines transitivum.

') Luc 1, 30 εὗρες χάριν παρὰ θεῷ: Prov 16, 11 παρὰ κυρίῳ sprechen für den dativ (Jäger).

2ᵇ   παράνομος ABγz דהא, φρόνιμος 161ʳᵃⁿᵈ richtig; auch 14, 17 ist מוצר אשת אנהר φρόνιμος. der sinn des verses ist: wer bei Jahve gnade gefunden, behält auch da die oberhand, wo selbst der pfiffigste menschenwitz zu schanden wird. die christen verstanden (gott sei dank) den echten sinn des bei Jahve gnade finden nicht mehr; Jahves wohlgefallen ist nicht ein sittlicher willensakt, sondern die laune eines despoten. φρόνιμος wurde in παράνομος geändert, und so dem satz die gewünschte ethische färbung gegeben.

3ᵃ   יָכִין für יִכֹּן? sicher מַרְשֻׁע für בְּרֹשֻׁע.

3ᵇ   τῶν ἀσεβῶν ἐν ὀχυρώμασιν 161ʳᵃⁿᵈ, τῶν ἀσεβῶν 109 angeblich im text. mit einem alltäglichen lesefehler aus 12ᵇ entnommen.

4ᵇ   aus בְּצַמְחִי machte der Grieche בְּעֵין מוֹרִי (Vogel) | κακοποιός drückt mir die vierte form des מַבִישָׁה zu deutlich aus, als dafs ich nicht πονηρός 260 für echt halten sollte.

6ᵃ   אֹרְבֵידָם δόλιοι ABzאד, aber εἰς αἷμα + y 23 68 103 161 248 252 253 254 295, und es liefse sich denken, dafs vor στόμα dies εἰς αιμα ausgefallen wäre: allein ח schreibt es Σ zu.

6ᵇ   ὀρθῶν ABγz, ορθον 157 260, ευθειων 23 252, ευθεων 68 106 295.

8ᵃ   der Grieche sprach יְהַלֵּל; hätte στόμα einen vom nominativ verschiednen accusativ gehabt, so würde er die active form auch im griechischen beibehalten haben: so erhielt er die hebräische wortstellung und opferte die deutlichkeit nicht. מִבְּכִל für מַבְכִּל συνετός wie רְמִיָּה 24ᵇ δόλιοι, 27ᵃ δόλιος, מִרְמָה 17ᵇ δόλιος.

9ᵇ   ἄρτων Bאדה, ἄρτου Aγz correktur, vgl zu 9, 6ᵃ und gleich 11ᵃ.

10ᵃ   vgl zu 26ᵇ.

11ᵃ   ἄρτων ABγz דה richtig, ἄρτου א 103.

[11] ὅς ἐστιν ἡδύς [καὶ ἀνάλγητος + 109] ἐν οἴνων διατριβαῖς, ἐν τοῖς ἑαυτοῦ ὀχυρώμασι καταλείψει ἀτιμίαν > hebr, nur dafs יִן 12ᵇ ein überrest des יַיִן aus dem ersten gliede dieses verses zu sein scheint.

12   = הָבִדִּית רְשָׁעִים וְנֶפֶשׁ רָעֵי מָצֹר: die Masoreten haben מָצֹר in 12ᵃ (so): מָצֹר erkannte Vogel. in 12ᵇ bieten z 68 106 161ʳᵃⁿᵈ 252ʳᵃⁿᵈ δικαίων für εὐσεβῶν, das gehört einem späteren an = צַדִּיקִים δικαίων die übrigen חʳᵃⁿᵈ.

der Grieche sprach שָׁקֵר, παγίδας ABγz׳ hat seinen ursprung 13ᵃ
dem folgenden αὐτῶν zu danken (zu 13ᵇ), richtig παγίδα א׳ה 68
103 106 147 252.

ἐκφεύγει δὲ ἐξ αὐτῶν ABy, ἐξολιτϑάνει δὲ ἐξ αὐτῆς 23 13ᵇ
68 252, ἐξολιτϑάνει δὲ ἐξ αὐτῶν z. sicher ist ἐξολιτϑάνει
echt und ἐκφεύγει glosse dazu: für αὐτῆς sehr ἀνάγκης: schon
Jäger vermuthete ἀναγκῶν. die concordanzen verzeichnen 73
stellen, in denen צָרָה vorkommt. aber nicht immer hat es die
bedeutung *bedrängniss*. Prov 23, 27 — nach LXX auch Hier
30, 7 Zach 10, 11 — ist צָרָה adjectiv: Hierem 4, 31 übersetzt
der Grieche στεναγμός, dachte also an صَرِيف zähneknirschen ¹)
[صَرِير das schwirren der feder beim schreiben Hariri 669 ²]:
Reg a 1, 6 ist צָרָה = صَرَّة Freytag III 11ᵃ = ذُلّ Castell ed
Michaelis 643 ein *terminus technicus* des semitischen eherechts,
Mischna יָבָם anfang: über Prov 11, 8 siehe oben. von den
übrig bleibenden stellen bieten 56 ϑλίψις, Eine (Ps 120, 1)
ϑλίβεσϑαι, vier (Iob 5, 19. 27, 9 Prov 17, 17 Ps 31, 8)
ἀνάγκη: Prov 25, 19 Hier 14, 8. 16, 19 Isaj 46, 7 ist für κακῇ
κακῶν ebenso leicht ἀνάγκη ἀναγκῶν geschrieben, wie in unserm verse ἀνάγκης für αὐτῆς.

ὁ βλέπων λεῖα ἐλεηϑήσεται, ὁ δὲ συναντῶν ἐν πύλαις [13]
[λύπαις Grabe 147] ἐκϑλίψει ψυχάς > hebr.

καρπῶν ABγzה, καρπῶ 260 א׳ ist revision | streiche ψυχή; 14ᵃ
> hebr, die griechischen hdss stellen es verschieden, nach ἀνδρὸς
y 260, mit folgendem αὐτοῦ nach ἀγαϑῶν 23 252, wo 68 ἡ
ψυχὴ αὐτοῦ hat. in πλητϑήσεται ist ἀνήρ subjekt.

χειλέων ABγzא׳, χειρῶν richtig 23 157 ת Grabe. 14ᵇ

ἀνήρ > Ay 23 103 106 147 157 161 252 260 295 296 16ᵃ
297: die revision strich, was im hebr nicht ausdrücklich dastand.

צֶדֶק δίκαιος = צַדִּיק (Jäger). יָשָׁר von זָבַח = ذَبَح, hergeleitet. 17ᵃ

μάχαιραι muſs in μαχαίρᾳ umgeschrieben werden, μάχαιρα 18ᵃ
103 109 157 254 meint auch den dativ. ὡς μάχαιρα ist eine
erleichterung derer, die in μαχαιρα nicht μαχαίρᾳ erkannten:
68 147 161 yz. Theodotion (ἔστι πεπεισϑῶς ἐν κεντήματι

---

¹) Hierem 49, 24 [λ 14] fehlt dem Griechen der in unsre hebr exem-
plare aus 50, 43 eingeschmuggelte satz, in welchem übrigens צרה nicht
anders aufgefaſst werden kann als 4, 31: es steht ja neben חבלים.

μαχαίρας) las בְּעֵת und בְּמִדְקְרֹת Cappell crit V 4, 4. 7. בְּעָה
ἔτρωσε könnte ich nur durch لي vermitteln.

19ª   כִּי כֵן קָתֶרְגֹ̇ϊ μαρτυρίαν = כָּבֵד הֶבֶן (vgl Jäger).
19ᵇ   יָדַע καὶ μάρτυς = יָדַע (Vogel).
20ᵇ   βουλόμενοι Aßyrx, βουλευόμενοι richtig ה rand 23 Grabe.
21ª   נָאַה־יִרְאֶה ἀρέσει = נָאָוָה.
22ᵇ   וְיֹשֶׁר ὁ δὲ ποιῶν = וְיֹשֶׁר. πίστιν nach אֱמוּנָה z 147 mr.
23ª   כְּרָמִים wird so gewöhnlich πανοῦργος gegeben, dafs wohl auch
      hier dies wort aus Basilius und 161 rand statt συνετός in den text
      zu setzen ist: man änderte aus dogmatischen bedenken | כְּסֵא
      θρόνος = כְּסֵא (Jäger).
23ᵇ   יִקְרָא (συναντήσεται) wurde für gleichbedeutend mit יְקָרָה
      genommen (Jäger) | אֲוִילָה ἀραῖς = אֵלֹת (Jäger).
24*   הָרֵצִים ἐκλεκτῶν = הֶרֶץ vgl Isaj 54, 12 und הֶרְדָה Hierem
      3, 19. 25, 34 Aggae 2, 7.
25*   δίκαιου > hebr y mr | יַשְׁדֵּהָה ταράσσει = יְבַהֲשֵׁוּ. ܚܫ
      Geopon 87, 26. 88, 15 ἐτάραξε: Geopon 87, 1. 4 ἐκίνησε:
      ܚܫ κίνησις 87, 15. ܚܫ nur in der abgeleiteten bedeu-
      tung des chaldäischen בְּהֵל.
26*   ἐπιγνώμων halte ich für unecht, weil ich nicht einsehe, wie
      man die gruppe ἐπιγνώμων δίκαιος aus dem hebr text heraus-
      bringen will: die wortstellung müfste eine ganz andre sein. ἐπι-
      γνώμων scheint mir glosse zu יָדַע 10ª, es wird sich zeigen, dafs
      auch eine zu 10ᵇ gehörige bemerkung bei unserm verse steht.
      Orig III 9ᵈ ἑαυτοῦ φίλος ἔσται· τοῦτον τὸν στίχον ὅλως οὐ
      μέμνηται Ὠριγένης, εὑρέθη δὲ ἐν τισὶν ἀντιγράφοις· οὔτε γὰρ
      παρὰ τοῖς ο οὐδὲ παρὰ ἄλλοις κεῖται. nach ἔσται + καὶ τοῦ
      πλησίον 109.
26ᵇ   1 αἱ δὲ γνῶμαι τῶν ἀσεβῶν ἀνεπιεικεῖς¹), 2 ἁμαρτάνον-
      τας καταδιώξεται κακά, 3 τοὺς δὲ δικαίους καταλήψεται
      ἀγαθά, 4 ἡ δὲ ὁδὸς τῶν ἀσεβῶν πλανήσει αὐτούς. von diesen
      vier theilen fehlt der erste in By, der zweite in y, der dritte in
      allen aufser in 103 253 א (denn καταλείψεται in 103 ist =
      καταλήψεται), dafs er aber in den originalen von 23 106 252
      295 gestanden hat schliefse ich daraus, dafs diese hdss für κατα-
      διώξεται 2 καταλήψεται bieten. nun ist 1 nichts anders als

---

¹) ἰνδεῖς 254; soll das ἀνελεεῖς und eine neue übersetzung von אמר sein?

die echte übersetzung von 10ᵇ, 2 3 (wie Jäger sah) = 13, 21: 4 scheint mir nicht von unserm interpreten herzurühren.

umgestellt אָדָם יְקַר (Vogel). 27ᵇ

בְּאָרְחָה ἐν ὁδοῖς = בְּאָרְחוֹת. 28ᵃ

ὁδοὶ δὲ μνησικάκων ABy ܕܥܗܐ sieht weniger ursprünglich 28ᵇ aus als ὁ δὲ μνησικακῶν 161 ʳᵃⁿᵈ. ich kenne nur ܐܳܡܶܐ ܓܒܰܪ für ἐμνησικάκησε Reliqq 20, 6: vermuthen läfst sich, dafs der interpret דָּרַךְ gesprochen, und eine dem לוֹ דָרַךְ Iud 5, 21 ähnliche redensart gekannt hat | אֶל εἰς = עַל Cappell crit V 2, 2.

13

אָב מוּסַר ὑπήκοος πατρί = אָב שֹׁמֵעַ: vgl انقاد er liefs sich 1ᵃ führen, انخدع er liefs sich betrügen.

לָךְ אֵין ἐν ἀπωλείᾳ = لَكَ: die drei letzten worte gelten als 1ᵇ relativsatz. da kein בֵּן da steht, ändern 23 252 295 297 υἱός in ὁ.

καρπῶν Byz ܕܥܗܐ, καρποῦ A 297 nach פְּרִי | die beziehung 2 auf 11, 30 erkannte Jäger; der übersetzung liegt ein midrásch zu grunde, den ich nicht auffinden kann. Cappellus crit IV 4, 5 meinte הֶבֶל oder הֵמַם (so) von מָטַט ausgedrückt: תָּמַם תָּמֵם?

πιμελείᾳ wollte Jäger in εὐηπελίᾳ ändern. 4ᵇ

Philipp 1, 20 (Jäger). der interpret sprach wohl eher 5ᵇ וְיֶחְפָּר als וְיֶחְפָּר.

> B. Clemens 166 ³⁵ ἡ τοῦ ἀκάκου δικαιοσύνη κωτορθώ- 6 σει τὴν ὁδὸν αὐτοῦ = 6ᵃ? δικαιοσύνη φυλάσσει ἀκάκους ὁδῷ ¹), τοὺς δὲ ἀσεβεῖς φαύλους ποιεῖ ἁμαρτία Ay ܕܥܗܐ 23 68 103 106 109 147 149 161 248 252 253 254 260 296. für רְשָׁעָה braucht man nicht רְשָׁעִים voraus zusetzen, vgl zu 12, 8ᵃ: wegen des ἀσεβεῖς = רְשָׁעָה möchte ich den vers für arbeit des ersten übersetzers halten. ob er dem buche selbst ursprünglich angehört, wird davon abhängen, ob in ᵇ חַטָּאת oder רְשָׁעָה subjekt ist: צְדָקָה scheint mir nach 7. 8 nur almosen bedeuten zu können: dann wäre חַטָּאת subjekt = vergehn gegen theokratische ordnung. כָּל ist nicht sehr deutlich, doch müfste der sinn sein, die חַטָּאת bewirke schliefslich, dafs der mensch zum רָשָׁע werde.

Philipp 2, 8 vgl Cor β 8, 9: in unsrer stelle hat Symmachus 7ᵇ πτωχευόμενοι für das ταπεινοῦντες ἑαυτούς der LXX (Jäger).

---

¹) ὁδῷ > 23 106 109 147 252 295 ᶻ, bν ὁδῷ 103 149 253 ᶜᵒʳʳ 254 260 296: ח das entsprechende obelisiert.

9ª יִשְׂמַח διὰ παντὸς = יִשְׂבְּעוּ׃ ⸱⸱⸱⸱⸱ πυκνὸς Geopon 111, 16: ⸱⸱⸱⸱ ἥπλωσε 85, 7 (23, 24).

[9] ψυχαὶ δόλιαι πλανῶνται ἐν ἁμαρτίαις, δίκαιοι δὲ οἰκτείρουσι καὶ ἐλεοῦσι > hebr y. das zweite glied = Ps 37, 21[b].

10ª רָע κακὸς = רַע (Vogel). der jambische tonfall wird nicht unabsichtlich sein.

10[b] deutlich erinnert der stichos an das γνῶθι σεαυτὸν Plato Protag 343[b] und Socrates Plato Phaedr 229'.

11ª ὕπαρξις AByz, κτῆσις richtig Clem 112[51] 193[13]. ὕπαρξις gehört sicher dem Aquila, der דוֹן von ‏ܗܘܢ = הָיָה abgeleitet hat, wie צִדְקָה ἐπίχυσις Prov 1, 27 von יָצַק | מְהֻבָּל ἐπισπουδαζομένη [Clem 193[13] ἐπισπευδομένη] = מְבֹהָל (Vogel).

11[b] μετ᾽ εὐσεβείας ist (wie μετὰ ἀνομίας 11ª) zuthat des übersetzers. עַל יָד auf die hand, das heißt nur so wenig, als man auf der hand tragen kann: der Grieche ἑαυτῷ, weil er auch aegyptisch sprach und ἕτοιμ für ἑαυτῷ zu sagen gewohnt war, עַל יָדוֹ aber dam ἕτοιμ zu entsprechen schien. δίκαιος οἰκτείρει καὶ κιχρᾷ > hebr, vgl [9]. nach diesem satze hat 248 noch 12[b].

12 der Syrer hat offenbar die LXX benutzt, aber in einem von dem unsrigen verschiednen texte '), dessen hebr original [עב] בְּתִיהֵל מְגוּרָה מְחֻלָּה לֵב וְעֵץ חַיִּים תַּקְוָה בָאָה gelautet haben muss. תְּלָה = suspensum tenuit kann ich nicht belegen; ܩܠ auch ἐπῆρε Act 27, 40 vgl Athan L 26 und LXX Ps 8, 2 תְּנָה ἐπῆρται = ܩܠ: daher בַּת hügel und ܩܠ̈ ἐξάνθημα Geop 95, 1 [= ιβ 30, 3]. κρείττων = בִּי Prov 29, 1 (Jäger).

12ª κρείττων [ὁ + π 297] ἐναρχόμενος [ἐν ἀρχομένοις Bπ, ἐναρχομένου 106] βοηθεῖν [βοηθῶν B, εὖ ποιεῖν βοηθεῖτ, vgl 6, 27[b]] καρδίᾳ [καρδίαν 103] τοῦ ἐπαγγελομένου [ἐφελκομένου 252 ')] καὶ εἰς ἐλπίδα [ἐλπίδας 297] ἄγοντες. > y 68, aber y substituiert δίκαιος οἰκτείρει καὶ κιχρᾷ, vgl zu 11[b]. diesen satz + nach ἄγοντες א ח[obel] 23 149 260 295, vor 12ª ד.

12[b] > 106 248; 297 substituiert δίκαιος οἰκτείρει καὶ κιχρᾷ. für ἀγαθή A κακή, Jäger gut ἐπιτυχία ἀγαθοῦ. ἐπιθυμία gehört einem späteren, der הָיָה wörtlich übertrug: gerade die

---

') der mensch, welcher zu helfen anfängt, ist besser als der, welcher mit hoffnung hinhält, und der baum des lebens trägt hoffnung. | ') ܩܠ ιλάνει Geopon 82, 24 = ∋ 9, 11?

ähnlichkeit dieses ἐπιθυμία mit ἐπιτυχία bewirkte, dafs letzteres verdrängt wurde.

καταφρονηθήσεται AByzאל, richtig καταφθαρήσεται ח 13ᵃ 23 161ʳᵃⁿᵈ. da καταφθείρειν verhältnissmäfsig selten ist, wurde der text in erinnerung an Tobit 4, 15 Luc 6, 31 Mth 7, 1 geändert.

בְּשֵׁל ὑγιαίνει = חוֹלֶה im sinne von ܚܠܝܡ ὑγιαίνων ὑγιής 13ᵇ ἰσχύων.

υἱῷ δολίῳ οὐδὲν ἔσται [εστιν 106 109 147 157 z] ἀγαθόν,[13] οἰκέτῃ δὲ σοφῷ εὔοδοι ἔσονται πράξεις καὶ κατευθυνθήσεται ἡ ὁδὸς αὐτοῦ [αὐτῶν 106 109 147 157 254] > hebr: was nach πράξεις steht > 297.

ἄνους Abzאוה, αλους 23, ανους αλους y 68 161 248 | 14ᵇ מָוֶת לְצִפּוֹר ὑπὸ παγίδος θανεῖται = יָבֹא מְצוּקָה (Jäger), vgl Krüger grammatik 52, 3. 1ᵒⁿᵈᵉ. πεσεῖται 147, ἀπολεῖται 297.

in allen hdss aufser 106 149 252 geht τὸ δὲ γνῶναι νόμον 15ᵇ διανοίας ἐστὶν ἀγαθῆς voraus. 9, 10ᵇ erkannte Jäger. | ἀπωλείᾳ sehr ἀπεχθείᾳ, denn sonst ist die antithese nicht genau: was der mann statt אָרַץ gelesen, weifs ich nicht, da נִבְאָה graphisch zu weit abliegt: ܡܣܢܝ ἀπεχθὴς Analecta 171, 9.

אב בְּלָאל βασιλεύς = מֶלֶךְ בְּ (Vogel). 17ᵃ

σοφὸς sehr σαφὴς mit Jäger, der σαφὴς ἔτυμος ἄγγελος 17ᵇ Aeschyl sieben 82, Φοῖβος σαφής Sophocl Oed Col 792 und den scholiasten dazu, φίλος σαφής Xenoph mem β 4, 1 vergleicht. πιστός 103 253 ist revision.

תּוֹכַחַת ἐλέγχους = תּוֹכַחַת | δοξασθήσεται AByzאל, 18ᵇ εὐφρανθήσεται 252 und mit σοφισθήσεται 161ʳᵃⁿᵈ: letzteres gehört zu 20ᵃ.

dafs der Grieche הָאָרֶץ las, ist klar: ob εὐσεβῶν ABהכ 19ᵃ oder ἀσεβῶν yz 68 106 161 295?

וְתוֹעֲבַת ἔργα δὲ = וַעֲבֹד (Jäger) | כִּי מָרָךְ μακρὰν ἀπὸ 19ᵇ γνώσεως = כָּר מְדַע (Vogel).

συμπορευόμενος AByz Constitt 178¹⁷ 202²⁰, συμπεριφερό- 20ᵃ μενος 68 161, also הֹלֵךְ|σοφὸς ἔσῃ echt B = יֶחְכָּם, σοφὸς ἔσται Azכהד 106 109 147 149 157 252 253 254 Constitt zweimal = יֶחְכָּם, dem auch σοφισθήσεται 68 161 y entspricht.

wieder συμπορευόμενος Bד Constitt zweimal falsch, συρ- 20ᵇ ρεμβόμενος A, συρρεμβόμενος yאל 68 109 147 157 161 248 258 | יֵדַע γνωσθήσεται = יִוָּדַע (Vogel).

21ᵇ עָשָׁק קαταλήψεται = יָשַׁב: es stand יֹשֵׁב: in Vogel's עָשְׁקֵי wäre das suffix nicht zu brauchen.

22ᵃ κληροδοτήσει 161ʳᵃⁿᵈ: κληρονομήσει rechnet Jäger zu den *verbis neutris active significantibus* und verweist auf Abresch zu Thomas p 298 (Bernard), LBos zu Genes 1, 20.

23ᵃ vorläufig unheilbar: der Syrer benutzte die LXX, aber nicht in unserm text. δίκαιοι AByzאב, ἀδροὶ 161ʳᵃⁿᵈ ה? Syrer ܐܳܬ̣ܶܐ ܐܶܢܰܐ, ܟܺܐܢܶܐ ܠܳܐ, was ἄβιοι sein könnte [ܐܶܢܰܐ ܟܺܐܢܶܐ wie μὲν δίαιτα Euseb theoph ε 17¹⁵ βίος Analecta 169, 9]. πεσήτουσιν AByz, ἀπολαύουσιν ח 252, ἀπελαύσουσιν א 23 106 109 147 157; 161ʳᵃⁿᵈ, ἀπολλύουσιν der Syrer, wahrscheinlich ἀπολοῦνται der Slave.

23ᵇ ἄδικοι AByz, ἔνιοι richtig 161ʳᵃⁿᵈ und der Syrer: ἄδικοι entstand sicher erst, nachdem in 23ᵃ ein seltnes wort in δίκαιοι verändert worden war.

25ᵇ ψυχαὶ sehr ψύαι: denn wenn ψόα für מָתְנַיִם und כֶּסֶל stehn kann, darf man es auch für בֶּטֶן verwandt glauben. κοιλίαι 161ʳᵃⁿᵈ Clem 64²⁴ ein revisor.

14

1ᵇ nach ἄφρων + γενομένη 23 297, γινομένη 106, γεναμένη 109 252 | κατέσκαψε [ν B] Byz, κατέστρεψεν A.

2ᵃ ὀρθῶς φοβεῖται] δικαίως βεβαιωθήσεται 254 aus Prov 28, 18 | θεὸν richtig 109 147 157 297, κύριον AByzאהו = יְהוָה.

2ᵇ שׁוּב ἀτιμασθήσεται = בּוּזָה.

3ᵇ יְשָׁרִים φυλάσσει αὐτούς = תְּמִימִים.

5ᵇ natürlich ψεύδη zu betonen.

7ᵃ כֹל πάντα = כֹּל (Jäger). vgl 8, 9ᵃ.

7ᵇ בִּלְיַעַל ὅπλα δὲ αἰσθήσεως = דֶּרֶךְ דַּל (Jäger).

8ᵃ σοφία πανούργων braucht nicht עֲרוּמִים מֶרְכָּבָה als original, σοφὸς πανούργος 149 260: σοφία πανούργου 23 revision.

9ᵃ οἰκίαι ist wohl nur um des parallelismus willen hineingekommen, da der mann 9ᵇ בַּיִת für בֵּן gelesen: vgl 11ᵃ. παρανόμων Byz, ἀφρόνων A. für καθαρισμόν sehr καθυβρισμόν: der Grieche las נָשָׁה מַלְכֵי אֱוִיל. in אִם kann ὀφειλήσουσι nicht begründet sein, Tromms konkordanz weist alles erforderliche nach. ὀφλήσουσι 149, ὀφειλήσουσι AByz; Phrynichus 463 Pollux γ 84 Thomas 260.

ἀνδρὸς > 23 ה nach hebr | ψυχὴ mit א 260 ψυχῇ zu 10ᵃ schreiben, das komma vor λυπηρά zu streichen. doch könnte א ܐܠܦܝܢ aus dem Syrer haben, dessen ܠܐܢܫ ܒ er sein ܡܪܝܢܐܠܦܡܢ verdankt.

זִד ὕβρει = 'זד das heifst זְדוֹן. 10ᵇ

κατορθούντων ΑΒγz, κατευθυνόντων 103 253. 11ᵇ

ἔρχεται ist aus 13ᵇ eingedrungen, richtig βλέπει Constitt 12ᵇ 178².

οὐ προσμίγνυται sehr ὑπομίγνυται, vgl Plato Phileb 47ᵃ: 13ᵃ das o von οὐ ist aus dem vorhergehenden ς entstanden, πο las man als πσ. für λύπη 23 αὔτη.

τελευταία χαρά B, τελευταῖα χαρᾶς Αγzה 23 103 149 13ᵇ 157 248 253 260, τελευταία αὐτῆς ס. der Grieche las וְאַחֲרִית הַשִׂמְחָה (Jäger).

יְמַעֲלָיו ἀπὸ δὲ τῶν διανοημάτων αὐτοῦ angeblich (Cappellus 14ᵇ crit IV 17, 6) = יִמְצָעֲלָלָיו: allein Buxtorf anticrit 579 hat ausreichend nachgewiesen, dafs dies falsch ist. JChDöderlein vergleicht Zach 1, 6. danach + κατορθώσει א 23 106. vgl zu 15, 24.

Joh a 4, 1. Jäger vergleicht Hesiod ἔργα 372 Phaedrus III 15ᵃ 10 periculosum est credere et non credere.

für לַאֲשֵׁר der Grieche לְאַשְׁרִי (Jäger). 15ᵇ

μίγνυται πεποιθὼς 23 Clemens 162⁴⁹. die übrigen ἑαυτῷ 16ᵇ πεποιθὼς μίγνυται [ἐπιμίγνυται 149 260, προσμίγνυται 106] ἀνέμῳ [ἀφειδῶς 149 260]. für יִתְגָּבֵר der Grieche בִּתְקָרָב Cappell crit IV 7, 3.

יָשָׂא ὑποφέρει = יִשָּׂא oder יְנַשֵּׂא (Vogel). 17ᵇ

יַכְתִּירוּ κρατήσουσιν = יכתרו: כתר ist neben כשר im ge- 18ᵇ brauch. ܐܠ ἐκέρδανεν Analect 174, 25.

aus Jägers buch stammen die citate Xenoph Cyrop η 1, 6. 19ᵇ 3, 47. 6, 14.

לְרָזֶה πένητας oder πένητα = לְרָשׁ Cappell crit IV 17, 10. 21ᵃ

דַּכִּים πτωχούς mit dem כְּתִיב, Cappell ebenda. 21ᵇ

Grabe und der von Jäger citierte Wesseling observv 150 22 sahen, dafs der vers in doppelter übersetzung vorliegt. echt οὐκ ἐπίστανται ἔλεον καὶ πίστιν τέκτονες κακῶν, ἐλεημοσύναι δὲ καὶ πίστεις παρὰ τέκτοσιν ἀγαθοῖς = (ידי gab Wesseling an) לֹא יָדְעִי הוֹשֵׁר רָל חֶסֶד וֶאֱמֶת־חֶסֶד וֶאֱמֶת חָרָשֵׁי טֹבִים. die jüngere übersetzung ist sehr alt, da auch sie vom masoretischen texte abweicht: πλανώμενοι [+ ἄδικοι ε 103 106 109 147 157 252 253 295 297] τεκταίνουσι κακά, ἔλεον δὲ καὶ ἀλήθειαν τεκταίνουσιν ἀγαθοί. alle zeugen haben beide versionen und zwar die jüngere vor der älteren.

23ᵃ der stichos ist doppelt übersetzt: ἐν παντὶ μεριμνῶντι ἔνεστι περισσόν, und als gegensatz dazu ὁ δὲ ἡδὺς καὶ ἀνάλγητος ἐν ἐνδείᾳ ἔσται: doch möchte ich ὀδύνῃ für ἐνδείᾳ lesen, ἐνδείᾳ kam aus der jetzt verlorenen übersetzung von 23ᵇ herein. mir scheint unverkennbar die hand eines christen thätig gewesen zu sein, der an Lucas 16, 19-31 und 10, 42 dachte. am deutlichsten wird dies durch den Syrer, der ohne zweifel die LXX vor augen hatte. *in allem deinen sorgen ist Eins, das nützlich ist: der, welchem es ihn leben knapp geht, wird es behaglich und bequem haben: jeden schmerz heilt der herr, und die rede der lippen der gottlosen bringt sie zu schaden.* ἔν ἐστι für das ἔνεστι der drucke auch א 149 161. einmal las man ܡܣܟܢ = ein vornehmer mann, und zwar als subjekt, und malte dies mit den ausdrücken von Luc 16 aus: dafs man mit μεριμνῶντι בֵּין voraussetzte, sah Hitzig. beim Syrer sehr ܠܗ für ܠܗ, sein πᾶν ἄλγος κύριος [= כֹּל] ἰάσεται ist aus ἀνάλγητος ἔσται entstanden.

23ᵇ > jetzt, allenfalls ist ἐν ἐνδείᾳ 23ᵃ ein rest.

24ᵃ בְּעֹשֶׁר πανοῦργος = רָמָה: πανουργία א 296 wäre רָמָה. der revisor πλοῦτος αὐτῶν הֵיץ 68 106 109 147 149 252 260 295 297: daraus verdorben πλοῦτος ἄρτων 23.

24ᵇ = אֲיָלָה לוֹיֵת בְּסִילִים: denn ܫܘܬܦܐ συνοδία Luc 2, 44: gesellschaft Didase 78, 21.

25ᵇ δόλιος = בְּרָמָה vgl zu 12, 8ᵃ.

27ᵃ יִרְאַת πρόσταγμα = תּוֹרָה (Jäger). revisor φόβος γε 23 106 109 147 157 252 295.

28ᵇ רוּן δυνάστου = רוּן.

31ᵃ עָשַׁק συκοφαντῶν, wie ܚܫܟ Analect 92, 3 Reliqq 31, 5 Tit Bostr 5, 12 | חָרַק sah der interpret als causativ von ܣܩ ὀξύς Didase 12, 24 an.

32ᵇ בִּמְרֹאתִי τῇ ἑαυτοῦ ὁσιότητι = בִּצְדוֹ (Jäger).

33ᵃ ἀνδρός sehr ἔνεδρος vgl Sophocl Philoct 154 (Jäger). dafür der revisor ἀναπαύσεται 23 254 297 א Constitt 65¹⁴ oder ἀναπαύεται 106 149 252 260 295, ἀνδρὸς ἀναπαύσεται γε 68 109 157 161, ἀνδρὸς ἀναπαύεται 147.

וְחָסֵר ἐλασσονοῦσι δὲ = וְחָסֵר (Jäger). 34ᵇ
יִבְרִיתּ τῇ δὲ ἑαυτοῦ εὐστροφίᾳ = יִבְרִיתּ (Jäger). 35ᵇ

15

ὀργὴ ἀπόλλυσι καὶ φρονίμους ist eine zweite deutung von 1ᵃ
14, 35ᵇ: מֵבִין (für מֵבִישׁ) fand Jäger | λόγος μὴ ἀντιπίπτων
καταπαύσει θυμὸν Victor von Antiochien bei Parsons [יַשְׁבִּית
für מֵשִׁיב?], ἀπόκρισις ὑποπίπτουσα ἀποστρέφει θυμὸν ABγz
נרד Orig II 42ᶠ, nur schieben unsre zeugen meist δὲ nach ἀπόκρισις ein.

λυπηρὸς ABγz, σκληρὸς 23 106 252 aus Aquila: א mag 1ᵇ
sein sonst σκληρὸς ausdrückendes פֶּרֶץ aus ס |.... haben.

ἀγαθοὺς τε καὶ κακοὺς א 23 149 252 260 295 als von der 3ᵇ
hebr wortstellung abweichend vielleicht älter als κακούς τε καὶ
ἀγαθούς ABγzרע, obwohl es so nahe liegt die guten vorauf-
zustellen, dafs jene 6 zeugen vielleicht gar keine diplomatische
gewähr für ihren text hatten.

συντηρῶν ABγz, φυλάσσων 23 106 161ʳᵃⁿᵈ 252. dies 4ᵇ
können nur verschiedne übersetzungen sein (eine glossierung
würde man weder bei συντηρῶν noch bei φυλάσσων für nöthig
gehalten haben), verderbt sind sie alle beide.

μυκτηρίζει ABγz, διασύρει 161ʳᵃⁿᵈ wohl aus Aquila, der 5ᵃ
לַעַג stets διέσυρεν übersetzt | ἐντολὰς ABγz, ἐλέγχους richtig
23 רה Basilius = תּוֹכָחוֹת alle ebenso רה ᵗᵃⁿᵈ.

echt ἐν πλεοναζούσῃ δικαιοσύνῃ ἰσχὺς πολλή, οἱ δὲ ἀσε- 6
βεῖς ὀλόρριζοι ἐκ γῆς ὀλοῦνται [oder ἀπολοῦνται B], revisor
εἶκος [so 147, εἴκοις ABγzרה, εἴκοι א] δικαίων ἰσχὺς πολλή,
καρποὶ δὲ ἀσεβῶν ἀπολοῦνται [ὀλοῦνται 252, ἀπόλλυνται z].
von 6ᵇ noch eine dritte übersetzung λογισμοὶ δὲ ἀσεβῶν ἐκριζωθήσονται in 23. den echten text scheint als solchen schon
Jäger erkannt zu haben, der בִּרְבֹת צַדִּיק und נֶדֶק [oder יִזְבַּח]
als die ausgedrückten lesarten angiebt. ἐλόρριζοι ὀλοῦνται beruht
wie ἐκριζωθήσονται auf einer fehlerhaften ableitung des נֶדֶק
von גדע. für יִזְבַּח hatte der alte übersetzer יֶחְשַׁב, der revisor יְרַבֶּה, der dritte gar וְחֶשְׁבֹּנוֹת, was weiter יִזְבַּח beizu-
behalten nöthig macht. den echten text und den des revisors
nach einander ABγzא, der des revisors fehlt in 103 297, ה hat
zwischen obelis vor der jüngeren revision ἐν πλεοναζούσῃ δικαιοσύνῃ ἰσχὺς πολλή, λογισμοὶ δὲ ἀσεβῶν ἐκριζωθήσονται

und zum zweiten gliede dieser composition hemistich [b] der echten LXX als randnote.

7ᵃ   יָנֻחַ δέδεται = יָנִיחַ: an הוּא dachte Vogel.
7ᵇ   echt καρδίαι und ἀσφαλεῖς, was 103 109 147 149 260 nach dem hebr in καρδία und ἀσφαλὴς geändert haben. οὐχ οὕτως 161ʳᵃⁿᵈ = לֹא־כֵן.
8ᵃ   θυσίαι ABy אזבחה, θυσία z 103 109 253 nach זֶבַח.
8ᵇ   εὐχαὶ ABy z, προσευχαὶ 23 252, ein plural הוא, προσευχὴ und nachher δεκτή 297 nach תִּפְלָּה.
10ᵃ   רַד ἀκάκου, sehr κακοῦ (Jäger) | לִיּזֻב אֹרַח ὑπὸ τῶν παριόντων = לְעֹבְרֵי אֹרַח (Jäger).
13ᵃ   ἐν δὲ λύπαις οὔσης σκυθρωπάζει = וּבְעַצְבַת נָכֵא. also לֵב und רוּחַ fehlen dem Griechen. nach εὔσης + 103 252 253 הוא ᵒᵇᵉˡ 23ᵒᵇᵉˡ πνεῦμα = רוּחַ.
14ᵃ   נָבֹן אֹרַח = נָבֹן (Jäger?).
14ᵇ   וְאֱמֶת (also יֵדַע, aber corrigiert) στόμα δὲ = יֵדַע (Cappellus) | יִרְעֶה γνώσεται ABy z חדא = יֵדַע, ζητεῖ 23 109 147 157 252 295 = יִבְקֶה [ישׂבע]ʳᵃⁿᵈ.
15ᵃ   πάντα τὸν χρόνον οἱ ὀφθαλμοὶ τῶν κακῶν προσδέχονται κακά = כָּל־יוֹם עֵינֵי רָעִים לֹד רָעָה. Vogel gab עֵינֵי an. die drei letzten wörter sahen abgekürzt gleich aus: רד kann durch ה ח und כ ergänzt werden.
15ᵇ   מִשְׁתֶּה ἡσυχάζουσι = בְּשַׁבָּת vgl ܐܬܬܢܝܚ Hebr 4, 9.
16ᵇ   meine vor jahren gemachte änderung von ἀφεβίας in ἀσεβείας bestätigen ח 23 252.
17ᵃ   μετὰ vor λαχάνων ist vielleicht nur ein schreibfehler einer stammhds [חאב], > Ayz 68 103 106 147 149 157 161 248 253 260.
17ᵇ   echt ἡ παράθεσις μόσχων (מִבַּח אֲבִירִים) ABy z, revisor ἢ μόσχος ἀπὸ φάτνης (מִשׁוּר אֲבוּס) 252 295 הא Orig IV 243 und mit dem schreibfehler μόσχον 23 149 ʳᵃⁿᵈ. man denke nur 'אבר' מכ־ und אבס משׁר geschrieben.
18   zwei versionen desselben textes stehn nebeneinander (Schleusner). echt ist ὁ ἀσεβής, denn es setzt הֵמָה für חֵמָה voraus.
19ᵃ   das sprachgefühl war bei unserm übersetzer noch lebendig genug, um ihn in בְּשַׂבַּת ein particip [מְשַׂבְּכָה] sehn zu lassen, während die gelehrten neuen darin ein hauptwort erblicken. der weg ist nicht wie eine dornenhecke, sondern wie ein mit dornen

eingehegter weg: כְּ mufste zum praedikat hinzugefügt werden, weil דֶּרֶךְ nicht eigentlich, sondern bildlich zu verstehn ist.

כָּלְלָה τετριμμέναι ABy, συντετριμμέναι 106, τετυμμέναι z, 19ᵇ λεῖοι 23 109 149 260, λεῖαι 147 252 295.

– ἐνδεεῖς φρενῶν entspricht so deutlich dem לְהֶסֶר־לֵב, dafs ich 21ᵃ glaube ἐνδεεῖ ändern zu dürfen. σ entstand aus φ. für den unverständigen ist thorheit eine freude = der unverständige hat oder geht narrenwege: τρίβοι wurde gewählt, weil 21ᵇ das bild vom wege hergenommen ist.

τιμῶντες AByzאחה, τιθέντες 297 wahrscheinlich richtig. 22ᵃ

וּבְלֵב ἐν δὲ καρδίαις = וּבְלֵב (Vogel) | am ende + כָּצָה 22ᵇ (Hitzig).

Hesiod ἔργα 296 Livius 22, 29 *saepe ego audioi, ... qui nec 23 ipse consulere nec alteri parere sciat, eum extremi ingenii esse* (Jäger).

allerdings wird Ezech 11, 5 מַעֲלֵה διαβούλιον übersetzt, al- 24 lein erst das dabeistehende הַחֲכָם macht dort diese übertragung möglich. Jäger hätte also nicht an מַעֲלֵה „*cogitatio*" denken sollen.

κύριος = יְהוָה AByzאחה, richtig Θεός 161ʳᵃⁿᵈ. 25ᵃ

σώζεται AByz, ζήσεται wörtlich = יִחְיֶה 23 103 252 253. 27ᵇ das manuscript, aus welchem der Grieche übersetzte, enthielt von erster hand 16, 6-9 nicht, 16, 1-3. 5 überhaupt nicht. mit 15, 27-29 lief ein nach semitischer anschauung *rectum folium* aus, und auf dem linken rande desselben war 16, 6-9 so nachgetragen, dafs 16⁶ neben 15²⁷, 16⁷ neben 15²⁸, 16⁸ neben 15²⁹ zu stehn kam, während 16⁹ seine stelle unter 16⁸ am untern rande fand. der übersetzer nahm nun an, dafs 16⁶ hinter 15²⁷ gehöre, und so fort. daher die stellung der verse in LXX. meine anmerkungen folgen der anordnung des masoretischen textes.

בְּטֻחוֹת πίστεις ABy, πίστιν z 109 147 157 254 297. 28ᵃ

בְּאֹר עֵינַיִם ist das, was die augen hell macht, und die augen 30ᵃ werden hell, wenn sie etwas schönes sehn. in LXX darf man καλά nicht unterschätzen. da 106 ὀφθαλμοῖς bietet, möchte ich θεωρεῖν ὀφθαλμοῖς καλά für den echten text halten.

für πιαίνει 23 λειπενι = λιπαίνει (161ʳᵃⁿᵈ). 30ᵇ

> LXX. in ABy אך fehlt der vers, Oskan hat ihn in א 31 nachgetragen. חʳᵃⁿᵈ versichert 'ΑΚΣΘΕ hätten wie חⁱᵉˢᵗ, das

4*

heifst auf Deutsch, חוכ״ ist aus ἈκΣΘΕ genommen. εἰς ἀκούον [ἀκούων 23 103] ἐλέγχους ζωῆς ἐν μέσῳ σοφῶν αὐλισθήσεται 23 103 253; ebenso, nur zu anfang ὁ εἰσακούων z 106 109 147 149 252 260 (ἐλέγχων 297!). man sprach also יִתְבָּקָה.

32ᵃ   μισεῖ für בלֹאַ ist nicht gewöhnlich, 161ʳᵃⁿᵈ hat angeblich auf ἐλέγχους bezogen καταφρόνησιν, daraus ist καταφρονεῖ oder καταφρονήσει als zweite übersetzung von בלאֹ leicht herzustellen.

32ᵇ   רֹמֵת הֹובְחַת; ὁ δὲ τηρῶν ἐλέγχους = וְשׁוֹמֵר תּוֹכֵחָה (vgl Jäger). κτᾶται φρόνησιν steht in 297 vor, in אם für ἀγαπᾷ ψυχὴν αὐτοῦ ABγz (τὴν ἑαυτοῦ ψυχὴν 23 149 252 260 295, τὴν ψυχὴν αὐτοῦ 103, ψυχὴν ἑαυτοῦ 106): welche dieser übersetzungen von קֹנֶה לִבּוֹ ist die echte? vgl 19, 8. Jäger verglich zu ἀγαπᾷ קָנָה.

33ᵃ   κυρίου = יְהֹוָה ABγzאחם, richtig θεοῦ 149 260 | מוּסָר הָכְמָה παιδεία καὶ σοφία = מוּסָר וְהָכְמָה.

33ᵇ   revisor [nur dessen text Bאⁱⁿᵈחן] καὶ ἀρχή¹) δόξης ἀποκριθήσεται αὐτῇ²) [also קָנֶה], echt προσπορεύεται³) δὲ ταπεινοῖς δόξα = וְלִפְנֵי כָבוֹד עֲנָוָה. die echte übersetzung mit der späteren zusammen Ayzאⁱᵃⁿᵈ ƶ 68 106 149 161 248ᵘᵏᵉˡ 252 254 260 296. vgl Isaj 4, 5ⁱⁿᵈᵉ.

16

⁴) 1-3 des masoretischen textes las der Grieche sicher nicht, aber auch der meines wissens in allen hdss der LXX stehende 5 vers fehlte ihm. die übersetzung dieses aus 11, 20ᵃ 21ᵃ zusammengestoppelten verses wäre von unserm interpreten wohl nicht so kümmerlich aus den bruchstücken verschiedner versionen zusammengesetzt worden. für die acht hemistichen 1-3. 5 hatte unser freund acht andre: 1 ὅσῳ μέγας εἶ, τοσοῦτον ταπείνου σεαυτόν, καὶ ἔναντι κυρίου τοῦ θεοῦ εὑρήσεις χάριν. 2 πάντα τὰ ἔργα τοῦ ταπεινοῦ φανερὰ παρὰ τῷ θεῷ, οἱ δὲ ἀσεβεῖς ἐν ἡμέρᾳ κακῇ ὀλοῦνται. 3 ἀρχὴ ὁδοῦ ἀγαθῆς τὸ ποιεῖν τὰ δίκαια, δεκτὰ δὲ παρὰ θεῷ μᾶλλον ἢ θύειν θυσίας. 4 ὁ ζητῶν τὸν κύριον [sehr aus Cassian θεόν] εὑρήσει γνῶσιν μετὰ δικαιοσύ-

---

¹) ich möchte ἀρχῇ schreiben. | ²) αυτῳ A 23 103 106 253. | ³) προσπορεύεται A 252 254, nachher ταπεινος A, ταπεινως 106. | ⁴) ich muſs dem leser überlassen aus Parsons anmerkungen sich selbst herauszusuchen, wo und wie die anzuführenden verse in den hdss stehn.

νης, εἰ δὲ ὀρθῶς ζητοῦντες αὐτὸν εὑρήσουσιν εἰρήνην. ein späterer (wahrscheinlich Theodotion) ergänzte 1 τῷ ἀνθρώπῳ προθέτεις καρδίας, καὶ παρὰ κυρίου ἀπόκρισις γλώσσης. 2ᵇ καὶ ἑδραίζων πνεύματα κύριος [dies hemistich nach ה aus Θ]. 3 κύλιτον ἐπὶ κύριον τὰ ἔργα σου, καὶ ἑδρασθήσονται οἱ λογισμοί σου.

echt πάντα τὰ ἔργα τοῦ κυρίου μετὰ δικαιοσύνης, φυ- 4 λάττεται δὲ ὁ ἀσεβὴς εἰς ἡμέραν κακήν. also כֹּל für רָשָׁע, וְגַם für וְגַם (ה des folgenden רָשָׁע ist als ה mit וגם verbunden): vgl נָגַד Ezech 27, 11 φύλαξ. jüngere übersetzung von 4ᵃ πάντα εἰργάσατο ὁ κύριος δι' ἑαυτόν.

χείλεσι ABy זאת, wahrscheinlich echt γλώσσης 149 260. 10ᵃ der Grieche בַּאֲדֹנָי, מִשְׁפָּט als praedikat (Jäger) | κυρίῳ B, 11ᵃ κυρίου A 149 260, eins von beiden אחד, richtig θεῷ yz 103 106 161 248 252 253 254.

βασιλεῖ ABy זאת, revisor βασιλεῦσιν ה 23 149 260 | עֹשֶׂה 12ᵃ ποιῶν = עֹשֶׂה: aus עַם konnte man beides machen.

am ende ἀρχῆς würde מֶמְשָׁלָה voraussetzen, ἀρχῆς > 103. 12ᵇ
דְּבָרִים יְשָׁרִים λόγους δὲ ὀρθοὺς = דִּבְרֵי יֹשֶׁר | am ende + 13ᵇ ὁ κύριος yz 68 103 161 248 253, + κύριος 106 254 296, eines von beiden + הוא.

מַלְאֲכֵי אַכְזָרִי ἄγγελος = מַלְאָךְ. 14ᵃ
חַיִּים בְּנֵי בַּר־מֶלֶךְ חַיִּים ζωῆς υἱὸς βασιλέως = חַיִּים בֶּן־מֶלֶךְ (Jäger). 15ᵃ υἱοῦ βασιλέως ζωή 23 161ʳᵃⁿᵈ entspricht unserm texte mehr, setzt aber immer noch בֶּן für בַּר voraus.

für קִמָּה 16ᵃ wie für קָמָה 16ᵇ der Grieche gleichmäfsig קִמָּה 16 = νοσσιαί (Jäger): es stand קֵן da. vgl Epiphanius oben zu 8, 22ᵃ. Jäger verweist auf Plato Theaetet [197ᵃ].

zwischen 17ᵃ und 17ᵇ fügt der Grieche ein: μῆκος δὲ βίου [17] ὁδοὶ δικαιοσύνης. ὁ δεχόμενος παιδείαν ἐν ἀγαθοῖς ἔσται, ὁ δὲ φυλάττων ἐλέγχους σοφισθήσεται.

echt ὁ δὲ ἀγαπῶν ζωὴν φείσεται στόματος αὐτοῦ¹), also 17ᵇ דְּבָרָיו für דַּרְכּוֹ. revisor ὃς φυλάσσει τὰς ἑαυτοῦ ὁδούς, τηρεῖ τὴν ἑαυτοῦ ψυχήν: דַּרְכּוֹ. alle zeugen haben beide übersetzungen, und zwar die jüngere vor der alten.

---

¹) ἀγαπῶν δὲ ζωὴν αὐτοῦ ABy z, wie oben 23 106 149 260: φυλάσσεται für φείσεται 103.

20ᵇ   richtig Θεῷ B: κυρίῳ Ayz 68 147 157 161 248 253 254 297, κύριον 103 106 109, eines der beiden לה׳.

21ᵃ   σοφοὺς καὶ συνετοὺς ABγz, συνετοὺς καὶ σοφοὺς 252, σοφοὺς καὶ φρονίμους Clem 170⁷. dem לַחֲכָמִים entsprach in der alten übersetzung nur σοφοὺς, καὶ συνετοὺς und καὶ φρονίμους sind spätere übersetzungen von לב׳, gehören also auch gar nicht in den text und nicht hinter σοφοὺς, sondern als glossen zu φαύλους. für לב׳ der Grieche בעל (Jäger).

21ᵇ   das abstractum מִרְמָה konnte der Grieche für das adjectiv מִרְמָה nehmen, vgl zu 12, 8ᵃ.

22   der Grieche verstand oder las לְבַעֲלֶיהָ; für אֶוֶלֶת hat er nicht אויל gelesen, er liebt substantiva nicht als praedikat.

23ᵇ   דבָרָיו φορέσει = יְבַלֵּל, indem der erste buchstabe des folgenden חֵקְךָ mit zu יבל gezogen wurde.

24ᵇ   sehr γλύκασμα δὲ ἀκοὴ καὶ ἴασις ψυχῆς aus 23 252. für ἀκοὴ καὶ Bn αὐτοῦ, Ayzאנכר ⸗ αὐτῶν. hebräisch müfste 24ᵇ מרפא עצם · לנפש שמר מתוק gelautet haben.

26ᵇ   doppelt da (Jäger) ¹), aber beide übersetzungen rühren vom ersten interpreten her, welcher in der weise des midräsch satz und gegensatz aus dem hemistich herauserklärte. ἐκβιάζεσθαι mufs *wegdrängen* bedeuten; אָבָה = בָּעָה Buxtorf 1070, aus עידו wurde עדו (Hitzig). im gensatz שידו עידו עַלֵי בָרָיו כי, und füglich konnte בה = ܩܒܐ existieren, s zu 4, 3ᵇ.

27ᵃ   ὀρύσσει ἑαυτῷ κακὰ nicht echt; aus dem ende von 30 ist οὗτος κάμινός ἐστι κακίας = כיר חָרָקָה herauszunehmen, das schon Jäger zu 27ᵃ zog.

27ᵇ   צְרָבָה θησαυρίζει = צְבִירָה. כְּאֵשׁ, weil das feuer nicht eigentliches feuer ist. an צָבַר (Buxtorf 1885) dachte schon Jäger.

28ᵃ   διαπέμπεται κακὰ ABγzמרה, ἀποστέλλει ἀντιδικίαν 161ʳᵃˢᵈ aus einem späteren | dafs λαμπτῆρα δόλου πυρσεύει κακεῖς nach einem tragiker klinge, fühlte Jäger. aus וְרָגֵן sind zwei worte geworden, von denen רָגֵן ²) sich erkennen läfst. die Masoreten schreiben das zweite Nun von ני׳גן klein; es wird in ihrem archetypus auf einer radierten stelle gestanden haben. zuletzt las der Grieche אֵמֻשִׁים.

¹) 1 καὶ ἐκβιάζεται αὐτοῦ τὴν ἀπώλειαν, 2 ὁ μέντοι σκολιὸς ἐπὶ τῷ ἑαυτοῦ στόματι φορεῖ τὴν ἀπώλειαν. | ²) λαμπτήρ von den signalfeuern Aeschyl Agam 22.

deutliche reminiscenz aus einem iambiker, wenn der interpret 29ᵃ
nicht etwa selbst iambischen tonfall suchte.
  ἀπάγει αὐτοὺς AByzבחד, ἀπαγγέλλει αὐτοῖς 297.   29ᵇ
  ὁρίζει By, ὀργίζει A, dafür richtig ἐπιδάκνων z 23 106 109 30ᵇ
147 149 157 252 260 295 297 und nachher + ὁρίζει vor πάντα.
aus כִּפָּה רָזָה wurde כִּפָּה בָּל־הָרָזָה ׃ כִּפָּה הִיתָה כֹּל erkannte Jäger.
über den zusatz s zu 27ᵃ.
  ende + καὶ ἀνὴρ φρόνησιν ἔχων γεωργίου μεγάλου AN 32ᵃ
68 103 106 149 161 248 252 254 260 296 aus 24, 5ᵇ (Jäger).
  πάντα für הַגֹּרָל ist vom würfelspiel hergenommen = alle 33ᵃ
augen, vgl die ausleger zu Petronius 37.

17

חֶרְבָּה μισθ᾽ ἡδονῆς = עֲרֻבָּה (Jäger zweifelnd).   1ᵃ
  οὕτως ἐκλέγεται καρδίας ὁ [ὁ > 149 260 Clem, der dafür 3ᵇ
ἀνθρώπων einschiebt] κύριος 23 149 260 ח Clem 172²³, οὗτος
ἐκκέεται καρδία παρὰ κυρίῳ 103, οὕτως ἐκλεκταὶ καρδίαι παρὰ κυρίῳ AByz: nur θεῷ A richtig mit 254 297. בָּחַר?
  בָּדִין nach Vogel = מָאזְן. sehr ἄδικες δὲ προσέχει mit 4ᵇ
ח""y 68 161 248, δίκαιος δὲ οὐ προσέχει ABzבחדund 7.
  + τοῦ πιστοῦ ὅλες ὁ κόσμος τῶν χρημάτων, τοῦ δὲ ἀπί- [4]
στου οὐδὲ ὀβολὸς Ayבחד 23 68 103 106 149 161 248 252 253
254 260 [ὁ κόσμος ὅλος 106]. ebendiesen vers haben Bz nach
6, und da gehört er auch hin. denn er ist eine umdeutung von
7. man las לֹא נֶרָה לְנָבָל אַף כִּי לְנָדִיב שָׂכָרָיו יָתַר, und änderte
beim übersetzen die reihenfolge der stichen.
  הָרָה παροξύνει, vgl zu 14, 31ᵃ.   5ᵃ
  לָאֵד ἀπολλυμένῳ = לְאַבֵּד? oder wie 12, 8ᵃ? ὁ δὲ ἐπι- 5ᵇ
σπλαγχνιζόμενος ἐλεηθήσεται > hebr.
  πιστὰ AByzבחד, richtig περισσὰ Grabe.   7ᵃ
  μισθὸς χαρίτων ἡ παιδεία τοῖς χρωμένοις sehr σταθμὸς 8ᵃ
χαρίτων ἡ ἐπίδοσις τοῖς δομένοις.
  יַשְׂכִּיל εὐοδωθήσεται = יָכְשַׁר oder יַכְשִׁיר.   8ᵇ
  וְשׂנֵא הַדָּבָר, wo הַדָּבָר auf das 9ᵃ genannte zurückweist = 9ᵇ
ܠܡܠܬܐ. וְשׂנֵא fand Vogel.
  תֵּחַת συντρίβει = תֵּחַת (Jäger) | בְּמֵבִין καρδίαν φρονίμου 10ᵃ
= לֵב מֵבִין.
  der Grieche מָאַס בְּהִיל מָאַס (Jäger).   10ᵇ
  בָּקַשׁ ἐγείρει = יְבַקֵּשׁ vgl zu 12, 25.   11ᵃ

12' der Grieche שֶׁכֶל בְּאִישׁ הָאָבָה שָׁגַם (Jäger).
14 Jäger hätte nicht nöthig gehabt daran zu zweifeln, dafs unser Grieche (Jäger verweist auf Ps 22, 8) מִלִּים für מַיִם gelesen. δικαιοσύνης ist aus διαδικασίας, wie ἐνδείας aus ἀναιδείας [vgl 18, 1ᵇ] verderbt (Jäger).
15ᵇ der alte that mit seinem Θεῷ dem sinne völlig genug, der revisor κυρίῳ καὶ ἀμφότεροι אה 23 106 [καὶ > א 106].
[16] ὃς ὑψηλὸν ποιεῖ τὸν ἑαυτοῦ οἶκον, ζητεῖ συντριβήν· ὁ δὲ σκολιάζων τοῦ μαθεῖν ἐμπεσεῖται εἰς κακά. = 19ᵇ und aus 20 וּקְשֻׁשׁ־לֵב יִפֹּל בְּרָעָה.
17' יַחַד als imperativ IV von יחד (Jäger) im sinne von II Iud 14, 20 = adjunge tibi socium.
18ᵇ τῶν ἑαυτοῦ φίλων B, τὸν ἑαυτοῦ φίλον Ayz 68 103 106 109 147 149 157 161 248 253 254 260 295 296 297 und (unter verweisung auf Salmasius de modo usur 700) Jäger, τοὺς ἑαυτοῦ φίλους 23 252.
[18] alle zu 18ᵇ genannten zeugen aufser ABy + ἐπὶ δὲ τῶν ἑαυτοῦ χειλέων καὶ ὁδῶν [καὶ ὁδῶν > z 109 147 157 297] πῦρ θησαυρίζει. dadurch wird 19 wieder vollständig, dessen ᵇ der Grieche nach 16 gehabt hatte.
19ᵇ s zu 16 und [18]. in 23ᵒᵇᵉˡ 103 106 149 252 253 260 295 אהᵒᵇᵉˡ aus einem späteren [+ ὁ?] ὑψῶν θύραν αὐτοῦ [ἑαυτοῦ] ζητεῖ συντριβήν. in א sehr ܩܢܛܠܗ für ܩܢܢܠܗ, wenn nicht etwa die in den andren bei 16 stehende übersetzung in א auch hier verwendet ist.
20' עִקֶּשׁ־לֵב ὁ δὲ σκληροκάρδιος = לֵב נִקְשֶׁה.
21' יֶלֶד καρδία = לֵב (Jäger).
[21] υἱὸς δὲ φρόνιμος εὐφραίνει μητέρα αὐτοῦ > hebr.
22' für נֵהֶה hatte gewifs auch der Grieche ein leib bedeutendes wort: der Syrer ܠܓܘܐ, der Chaldäer (nach dem Syrer ¹)) נֵוָא: Vogel meinte נֵוָה von den beiden gelesen.
23' λαμβάνειν ἐν κόλπῳ ist gesagt wie boire dans une tasse. griechisch sagt man nur λαμβάνειν ἐκ τόπου, παρά (ἀπό selten)

---

¹) ich erinnere gern an Joh Aug Dathe's abhandlung in seinen von EFK Rosenmüller 1796 gesammelten opusculis 106 ff, einmal, weil ich aus Dathe's syrischem psalter vor 21 jahren angefangen habe syrisch zu lernen, und dann, weil auch diesem verdienten gelehrten heutzutage von seinen abschreibern die ihm gebührende ehre verkümmert wird.

τινός; so vermuthe ich, dafs eine aegyptische ausdrucksweise zu grunde liegt.

לְהַבִּיט konnte aramäisch nur ܠܚܒܡ gegeben werden. als 23ᵇ nun der midrasch versuchte, die verschiednen „antlitze" des verses zu „entschleiern", wurde aus diesem ܠܚܒܡ leicht ܠܚܒܝ ܠ gemacht. so entstand eine doppelte übersetzung des hemistichs: οὐ κατευοδοῦνται ὁδοί und ἐκκλίνει γὰρ ὁδοὺς δικαιοσύνης. die zweite steht in der eben angegebnen form in 23 252 295: ABykנא haben nach dem ὁδοί der ersten deutung den in ה fehlenden satz ἀσεβὴς δὲ ἐκκλίνει ὁδοὺς δικαιοσύνης. in ἀσεβὴς δὲ erkannte Jäger mit hilfe der hexapla eine spätere übersetzung des רָשָׁע 23ᵃ. doch vgl zu 20, 1ᵇ.

unbedingt aus 103 147 253 πρόσωπον συνετοῦ ἀνδρὸς σοφὸν 24ᵃ zu schreiben (wie Grabe drucken liefs); ebenso, nur ἀνδρὸς συνετοῦ 23 106 252: eines der beiden נרא. πρόσωπον συνετὸν ἀνδρὸς σοφοῦ ABуz.

+ κρείττων τοῦ μὴ ζητοῦντος μαθεῖν ὁ ἐπερωτῶν z 68[27] 161 (doch z ohne ὁ ἐπερωτῶν). echt, und als zweite deutung von 28ᵃ mit 28 zu verbinden = גַּם אֱוִיל מַחֲרִישׁ יְבֻחַשׁ הַכְמָה. dafs جول auch den mittel-Semiten bekannt gewesen, sehn wir eher aus Buxtorf 40, als aus einzelnen zweifelhaften spuren im AT. בְּחַשׁ zu 12, 25ᵃ: יְבֻחַשׁ הַכְמָה ist relativsatz.

für בְּהָרִישׁ glaubte Jäger בְּמִדְרָשׁ vorausgesetzt: allein דָרַשׁ 28ᵃ IV existiert nicht: ضُرِّبَ bedeutet gerübt Athan ܚ 12. der Grieche sprach מִדְרָשָׁה oder מִדְרָשׁוֹ. σοφίαν vor σοφία > Ayה.

18

das ל des ersten wortes galt dem übersetzer als accusativ- 1ᵃ zeichen, was ܠ im syrischen ist. aus תַּאֲנָה wurde תֹּאֲנָה Cappell , crit IV 5, 13.

תֻּשִׁיָּה καιρός? das hebr wort selbst ist dunkel, da nur תֻּשִׁיָּה 1ᵇ zu erklären wäre. die erbärmliche herleitung von واسى könnte nach gerade aufgegeben werden, da واسى nichts als ein metaplasmus der vulgärsprache für أسى = ܐܠܐ III ist, Hariri 18 ERoediger de interpretatione etc 101. Olshausen gramm 213ᵈ dachte richtig an ישי. ich kann nicht wiederfinden, wo in einem der von mir edierten texte ܩܡܚ farbe vorkommt: dies syrische, mit شِبْهُ gleichbedeutende wort zeigt, dafs das شى entsprechende verbum im mittel- und nieder-semitischen ܫ ܚ hatte. תֻּשִׁיָּה =

توشیة *ausschmückung* Hariri 466, 10: *colour up* und *fucum facere* zeigen, wie die bedeutung sich weiter entwickelt. واش ist *denigrator* = verleumder, sycophant MI nacht II 94⁹ [Habicht]. in den mir jetzt nicht zugänglichen Notes and Queries ist vor jahren *mosaik* auf موسى Freytag IV 471ᵇ zurückgeführt. | יִתְגַּלָּל אֶפונֵי־ δισσος ἔσται = יִתְגַּלָּל oder יִתְגַּלָּע Cappell crit IV 7, 3 vgl Prov 17, 14ᵇ.

2ᵇ   בְּהִתְגַּלְּבוֹת ἀφροσύνη = בְּהִתְגַּלְבֹת. اسشا] ἐμωράνθη Athanas 22, 3: اسشا μωρία. für ἄγεται Jäger ἄγαται, dann ist ἀφροσύνην zu schreiben.

3ᵃ   בָּא נָם εἰς βάθος = בָּאֲנָם (Jäger).

4ᵃ   דִּבְרֵי שִׂי λόγος ἐν καρδίᾳ = דָּבָר בְּלֵב. man las die letzten buchstaben von דבר noch einmal, und zog ב von שִׂי als ב hinzu.

4ᵇ   keiner von allen herausgebern der LXX hat gewusst, daſs ἀναπηδύει nur falsche schreibung für ἀναπιδύει ist! ἀναπηδῶν z 23 147ᵐ = נָבַךְ | הָבְמָה ζωῆς = חַיִּים (Jäger), revisor σοφίας 252 260.

5ᵇ   צַדִּיק τὸ δίκαιον = צֶדֶק.

6ᵇ   aus לְמֹתְבוֹת ist לָמוֹת herausgenommen (Vogel), also war die feminine pluralendung hier plene geschrieben. τὸ θρασύ suchte Jäger in לִבֵּה, woraus er nach 9, 13. 20, 1 הֵמָּה machen wollte. allein wir brauchen den artikel, und mindestens müſste es הַהֵמָּה heiſsen.

8   > griech: 19, 15 substituiert (Jäger), aber in einer eignen übersetzung. הַחֲרָדָה hier φόβος, dort δειλία übertragen, = חֶרְדָּה: חָבֵל hier καταβάλλει, dort κατέχει [חֶבֶל Hitzig]: כָּבֵד [man hatte כָּצֵל] hier ὀκνηρούς, dort ἀνδρόγυνον; aber 19, 15 ist ἀνδρόγυνον schwerlich etwas anders als eine über ἀεργοῦ geschriebne glosse, welche dies wort in das 18, 8ᵇ angewandte ἀνδρογύνων oder in ἀνδρογύνου corrigieren sollte, und, aus versehn eine zeile zu hoch gerathen, ὀκνηρούς verdrängte. die epische form ἀεργός ist nicht zu dulden und nur davon ein beweis, daſs der text verderbt ist. wie רְמִיָּה zu der ihm hier beigelegten bedeutung kommt, wird ohne die werke eines hebräischen Sotades nicht festzustellen sein.

9   *idem facit occidenti* Horaz ars 467: ἀδελφός Koen zu Gregor corinth 269 (Jäger).

10ᵃ   מִגְדָּל ἐκ μεγαλωσύνης = מִגְדָּל (Jäger).

יְבוּלְתָהּ ἡ δὲ δόξα αὐτῆς = יְבוּלְתָהּ (Hitzig). 11ᵇ

Jäger glaubte יְהוּדָה gelesen (vgl 19, 6) = θεράπων φρό- 14ᵃ
νιμος: ܐܠܦܗܢܢ Athan ܐ 21, γλυκύτερον ἐποίησε Geopon
90, 6: ܐܦܠܝ ἐγλυκάνθη Geopon 11, 23. bei יְבֻלְבָּל hat der
interpret wohl eher an בָּבֶה als an בלו gedacht.

גֹּרָל σιγηρός ABym, κλῆρος רz 23''': es wird ὁ κλῆρος zu 18ᵃ
schreiben sein.

δυναστείαις B, richtig δυνάσταις ACyzאנז 23''' | ende + 18ᵇ
πράγματα א 23 254 297.

= בְּגֹרָלוֹ בְּקִרְיָת בְּשֵׁשׁ אֶחָד. שֵׁשׁ fand Vogel: Jäger sab, 19ᵃ
dafs יְבֻדְיָם in ein derival von רָם übergegangen zu 19ᵃ gezogen
worden ist: sein יְבֻלְהָיִם kann ich nicht gelten lassen, weil es
nicht hebräisch wäre.

τεθεμελιωμένον ABymא7 scheint aus μεμοχλευμένον ה 23 19ᵇ
252ʳᵃⁿᵈ 295 verderbt: der Grieche übersetzte, als stände כְּאָרְזוֹן
בְּרִיחַ da.

καρπῶν Byzה, καρποῦ ACא7 106 252 260 296 297 gehört 20ᵃ
dem revisor.

וְאַחֲבֶיהָ οἱ δὲ κρατοῦντες αὐτῆς = יְאַהֲוֶיהָ (Jäger). 21ᵇ

= בֹּב רָעָא טֹבָה אֵשֶׁת מָצָא: der revisor εὗρε τὰ ἀγαθὰ 22ᵃ
(103 253) für εὗρε χάριτας.

für θεοῦ Bאנ7, der revisor κυρίου Ayz 106'''. 22ᵇ

der scheinbare zusatz ist eine umdeutung des verses. ganz [22]
klar ist ᵃ: מוֹצִיא טֹבָה אֵשֶׁה מוֹצִיא בב. ὃς ἐκβάλλει γυναῖκα
ἀγαθήν, ἐκβάλλει τὰ ἀγαθά· ὁ δὲ κατέχων μοιχαλίδα
ἄφρων καὶ ἀσεβής.

23. 21 und 19, 1. 2 (also acht hemistichien) fehlen dem 23
Griechen. 23ᵒᵇᵇˡ 103 106 [dieser ohne 19, 2] 253 אה und der
Slave bieten eine übersetzung der verse, die nach ה von Theo-
dotion herrührt ᵃ).

ᵃ) ²¹ἱκεσίας λαλεῖ ἄπορος, καὶ πλούσιος ἀποκριθήσεται θρασία. ¹⁴ἀνὴρ
ἑταιριῶν τοῦ ἑταιρεύσασθαι, καὶ ἔστι φίλος κολλώμενος ὑπὲρ ἀδελφόν. ¹κρείσ-
σων ἄπορος πορευόμενος ἐν ἀπλότητι αὐτοῦ ὑπὲρ στρεβλόχειλον ἄφρονα. ²καίγε
ἐν οὐ γνώσει ψυχῆς οὐκ ἀγαθόν, καὶ ἐπείγων τοῖς ποσὶν αὐτοῦ ἁμαρτάνει. y fa-
briciert seinen bedarf selbst: Δεήσεις φθέγγεται πένης, ὁ δὲ πλούσιος ἀποκρίνεται σκληρά. Ἀνὴρ ἑταίρων πρὸς ἑταιρίαν, καὶ ἔστι φίλος προσκολληθεὶς
ὑπὲρ ἀδελφόν. Κρείσσων ἐστὶ πτωχὸς πορευόμενος ἐν ἀπλότητι αὐτοῦ ἢ στρε-
βλὸς τοῖς χείλεσιν αὐτοῦ, καὶ αὐτὸς ἀνόητος. Καὶ γε χωρὶς ἐπιστήμης ψυχὴ

19

4ᵇ λείπεται ΑΒγz, χωρισθήσεται 23 106, χωρίζεται 295: die construction des ersten wie Sophocl Trach 1277.

5ᵇ Grabe's [unnöthige] änderung s bei 6, 19ᵃ.

6ᵃ βασιλέων ΑΒאד, βασιλέως γz 68 161 218 = הדב.

6ᵇ ὁ vor κακὸς > Α 103 253 | הרב כקבס = הרב חך (Jäger) | ὄνειδος Βγzאד, ἄδικος Α, ἐν ὄστει π 23. meine vermuthung ἐπειδοσις = ἐπίδοσις [17, 8ᵃ] gab ich gegen dies ἐν ὄστει gern auf, da sie mir wegen der zu 9, 10ᵇ erwähnten sitte bedenklich erscheinen mufste. vgl τίω μιν ἐν καρὸς αἴσῃ Ilias 9, 378: wo αἶσα mit ἴσος [alt FITFOς, Hesychius γιτγος: vgl הָגָה] verwandt sein mufs: da guise aus weise entstanden ist, entspricht en guise de dem ἐν αἴσῃ ziemlich genau ¹). sinn: ein schlechter kerl ist für seinen ebenso schlechten aber vorsichtigen nachbar wie ein kapital, aus dem jener durch die drohung seine thaten bekannt zu machen, wucherzinsen herauspreſst.

7 בְּרָכַיִם = כָּלֿ־אָחֲרֵי רָשׁ וְיִשְׁנָאֶה אַף מְרֵעֵהוּ רָהַק מִבְּנִי wäre schon vor Olshausen gramm 210 verstanden worden, wenn die

---
οὐκ ἀγαθή, καὶ ὁ σπεύδων τοῖς ποσὶν ἁμαρτάνει. und den unrath hat Grabe aufgenommen!

¹) es mag bei der gelegenheit erlaubt sein aus Cotelier zu Constitt α 3 anzumerken, daſs γυῆτρε = rastrapa ἀναξυρὶ; in Rufin's übersetzung des Iosephus ist. ἐν πολεμίου μοίρᾳ und ähnliches weisen die wörterbücher nach. redensarten wie καταρίζωπτε ἐν ἀγελαίοις θρέμμασι Plato Polit 266ᵃ [כאו לא ממיר לבטט Iob 3, 6ᵇ] bilden dann den übergang zu solchen wie ἐπιδεικνύναι ἐν θαύματι und endlich zu den ganz abgeblaſsten ἐν ἡδονῇ, ἐν καλῷ εἶναι zum vergnügen, zum schönen gehören = eine lust, etwas schönes sein. die ausdrucksweise muſste verschwinden, als der glaube an die existenz objektiver, vom menschen unabhängiger mächte den Griechen abhanden gekommen war, welcher als letzte bluthe die platonische ideenlehre hervorgebracht. auch ἀντιστροφος wäre mit den chören der bühne auſser gebrauch gekommen, wenn nicht Aristoteles das wort in seine terminologie aufgenommen hätte. wie gut kennen diejenigen die griechischen praepositionen und die geschichte des griechischen geistes, welche zu den erst spät in täglichen gebrauch gekommenen ἐπ' ἴσης ebenfalls μοίρας ergänzen! ergänze ῥοπῆς, ῥοπή verbindet sich gern mit ἐπί. ἐπ' ἴσης Lucian 2, 4. 17, 19. 70, 22 [73, 10] 74, 3 Clemens 18³⁰ 31⁴⁵ [37²⁰] 43³⁹ 50²⁵ 56²⁰ 79³⁴ 88⁴⁹ 103⁵⁶ 105³⁹ 135¹³ 27 151²² 173⁴⁵ 184⁷ 11 192⁴⁹ 199¹² 209³⁹ 213⁵² 219⁴³ 223³⁴ 229³⁵ 40 234³ 260⁴³ 282¹⁶ 18 283³³ 298³⁰ 322⁵.

exegeten das syrische kommandiert hätten wie es sich gehört (denn buchstabieren und sich im Castellum verlesen können hilft nichts). statt vieler nur Ein beispiel: Geopon 7, 18 ܨܠܝ ܗܘ ܟܠܒܐ ܚܣܝܐ ܘܐܚܕܝܢ ܠܗܘܢ ܙܪܥܝܢ ܠܗ = β 15, 2 ὅταν ἐπιτέλλῃ ὁ κύων, τινὶ μὲν τῶν σπαρέντων .... βλάπτει, τινὰ δὲ εὐδιαιῶς. der interpret deutete *jeder bruder eines armen, der diesen hafst, von dem entfernen sich auch einige seiner freunde.* nun folgt das im hebr fehlende ἔννοια ἀγαθὴ τοῖς [μὴ + 296] εἰδόσιν αὐτὴν [οὐκ + 296] ἐγγιεῖ, ἀνὴρ δὲ φρόνιμος εὑρήσει αὐτήν. ὁ πολλὰ κακοποιῶν τελεσιουργεῖ κακίαν. die letzten worte sind so fadenscheinig, dafs ich im original ein wortspiel voraussetzen muſs. leider kenne ich die semitischen wörter für τελεσιουργεῖν nicht: *ein embryo vollständig austragen* Aristoteles 565ᵇ 23. 718ᵇ 10. 732ᵃ 25. man nehme einstweilen mit רָעַץ und רָצַץ vorlieb. denn wie viele ausdrücke für κακοποιεῖν im gange waren, sieht man am bequemsten aus der alphabetischen sammlung im Mahzor דרבית ליום כפור: aus dem gegensatz zu κακοποιεῖν läſst sich also für τελεσιουργεῖν nichts schlieſsen. von dem letzten gliede haben wir Theodotion's das קְרִי ausdrückende übersetzung καταδιώκων ῥήσεις οὐκ αὐτῷ in אה [in ה wird Θ genannt] 23 103 106 149 253 260 hinter σωθήσεται: αὐτῶν 23 149 ist schreibfehler. in dem alten text ὃς δὲ ἐρεθίζει λόγους, οὐ σωθήσεται haben ה 23 161ʳᵃⁿᵈ περικεντεῖ, ϒ λόγοις. mit בְּרָדָה läſst sich weder ἐρεθίζει noch περικεντεῖ vereinigen. הָיָה und הָגָה können in der alten schrift füglich verwechselt worden sein, Jäger meinte aus 5 אל יֶצְלָם herübergenommen.

φρόνησιν ABγzכרה, καρδίαν 161 nach לב.   8ᵃ

nach ἔσται + ἐκκαίει δὲ κακίαν πολίταις ה ᵒᵇᵉˡ 23 106.   9ᵃ

ὑπ᾽ αὐτῆς > 23 in folge der revision eines pedanten.   9ᵇ

οὐδὲ δοῦλος ἐξουσιάζειν ἀρχόντων 252ʳᵃⁿᵈ: [dies nur mit   10ᵇ δούλῳ] gehört nach 248 dem Theodotion: in הʳᵃⁿᵈ füge ܗ vor ܥܒܕܐ hinzu. LXX lautete καὶ ἐὰν οἰκέτης ἄρξῃ, μεθ᾽ ὕβρεως δυναστεύει: aber ἄρξηται und δυναστεύειν ABγz, für letzteres δεσπότου ה 23 109 147 157 und δεσπότου δυναστεύει 297. ich nehme ἄρξῃ aus ה 23 109 147 157 297, δυναστεύει aus 297.

ἐλεήμων ABγzחנה, richtig Grabe νοήμων.   11

12ᵇ   רָצוֹן ist رضوان, wie كوثر das masculinum zu כֹּשָׁרָה: sinn-
reich genug. vielleicht entschliefsen sich die lexicographen noch
einmal in רַדִּין חֵבִי, also die aramäische form des hebr רָצוֹן zu
sehn: in אגו fallen רְצָה رضي und רָצָה zusammen.
13ᵃ   καὶ ἐδύνη τῇ τεκούσῃ αὐτοῦ + A nach ἄφρων. aus 17,
25 (Jäger).
13ᵇ   vgl Deut 23, 19 (Jäger). aus בֵּיִד ist נְדִי geworden, aus
דֶּלֶק بِس = σκληρός Athan عبل 25. für μίσθωμα bietet
sich נְדָן נָדָה מָחִיר אֶתְנַן: صى Castellus ed Michaelis 485 kenne
ich zu wenig, um es hersetzen zu dürfen. √ נדה lieferte auch
„صلاٍ", das IDMichaelis trotz seiner anmerkung [chald מהדה]
unter صى beläfst, wohl weil Buxtorf מִנְדָּה 1172 unter מָדַד setzt.
der interpret hat wahrscheinlich ein derivat von נדה gelesen, da
der anklang an כד zu verführerisch war. لمي ekelhaft: لمي meist
βδέλυγμα (oft in ח) Luc 16, 15 Athan مه 6 [vgl 18, 16 صل
19] τὸ μυσαρόν (vom mist, اهام ـت‍ Geopon 71, 5 wie חֲרֵי
יוֹנִים Reg δ 6, 25) Geopon 8, 23 vgl نل. bei Thomas 237, 16
[Ritschl] bitte ich unsern vers am rande zu citieren.
14ᵇ   κυρίου Αγzα מרא, richtig θεοῦ B 252 Orig III 615 | מַשְׂכָּלֶת
ἁρμόζεται = מְשַׁבֶּלֶת. Gen 48, 14 שָׂכַל er legte die hände
über kreuz, ἐναλλὰξ τὰς χεῖρας vgl Eustathius in Hercher's ero-
tikern II 164, 5. 6 ἐναλλὰξ ἀλλήλοις προσαρμοττόμενοι. הָבִין
und הִשְׂכִּיל sind gegensätze: das erkennen kann vom ahnen des
zusammenhanges der dinge oder von dem eindruck ihrer verschiedenheit ausgehn: schön wird das weib מַשְׂכֶּלֶת genannt. da sama-
ritanisches כהיר auge = שָׂכְוִי Iob 38, 36 ist (das parallele כהוֹת
führe ich um so lieber an als von ـج lunge Geopon 110, 14 =
ιϛ 10, 1 ‍ال‍ = طحال πνευμονία abgeleitet ist wie שֵׂכֶל von
(שָׂכָה) und שְׂכִיָּה מַשְׂכִּית die √ שׂכה [wozu غضّ] vollends sichern,
setze ich שָׂכָה = שַׂךְ, mit dem ThAufrecht schön saihvan sequi
verbunden, vgl meine urgeschichte der Armenier 340. und dies
שָׂכָה sehe ich als mutter von שֵׂכֶל an, aus dem sich הִשְׂכִּיל gebildet. der instinct hat die interpreten gut gelehrt הִשְׂכִּיל συνιέναι
zu geben, welchem συνιέναι etymologisch ꞅujhl sehn entspricht.
יָדַע = وضع erklärt sich durch das von Sacy in der grammatik
besprochne وقف.
15   siehe zu 18, 8.
16ᵇ   ἀπολεῖται ABγz, ἀποθανεῖται 252ʳᵘᵃᵈ, θανεῖται 23 161ⁿᵃᵈ.

Jäger hatte recht, als er bei dem Griechen ein derivat von 18ᵇ
הֵמָה vorausgesetzt glaubte. ܠܗܘܢ thut fast noch bessere dienste.
für גְּדִיל der Grieche גְּבִי.   19ᵃ
וְהַצִּיל λοιμεύηται = תְּחַלְצְךָ oder יְחַלֹּץ: Jäger's הֹלִיךְ hat 19ᵇ
eine andre bedeutung | וָלֵד καὶ τὴν ψυχὴν αὐτοῦ scheint aus
den redensarten מְלֹדֵי בִטְדֵי abstrahiert, oder aber der Grieche
las וְהֹדִי: zu 5, 9ᵃ.
ἐπ᾽ ἐσχάτων σου ABYzהאַ ʳᵃⁿᵈ ⁊ ist mit ἐπὶ γήρως חᵗᵉˢᵗ 23 20ᵇ
106 161ʳᵃⁿᵈ zu vertauschen: zu 5, 11ᵃ. επι γηρους 149 252 260.
θεοῦ aus הא 23 161ʳᵃⁿᵈ 252 für κυρίου ABYz einzusetzen. 21ᵇ
תְּאֵוַת καρπός = הֲבִיאַת (Vogel): πόθος 161ʳᵃⁿᵈ aus einem 22ᵃ
späteren.
der midräsch schillert wie ein opal, die griechischen hdss 23ᵇ
haben alles verwirrt. ὁ δὲ ἄφοβος αὐλισθήσεται ἐν τόποις
οἷς οὐκ ἐπισκοπεῖ ὁ αἰώνιος Sabatier's Lateiner, ὁ δὲ πλανώμενος
ὀδυνηθήσεται ἐν πόνοις οἷς οὐκ ἐπισκέπτεται γνῶσις Clemens
171², ὁ δὲ πλανώμενος ἐν πύλαις αὐλισθήσεται εὖ οὐκ ἐπισκοπεῖται ὁ αἰώνιος 23 106 252. dafs einmal ὁ ἄφοβος einem
בַּל יָשַׂד רָע und dann οὖ οὐκ ἐπισκοπεῖται γνῶσις denselben
בַּל יִפְקֹד דַּע (Jäger) gelesnen worten entspricht, ist klar, weiter
aber nichts.
κόλπον (κόλπους) verdorben: צְלָחַת = σάλαργ = ܐܠܓ 24
Freytag II 248ᵃ kann nicht lusen bedeuten und צְלָדוֹת (woran
Jäger dachte) sind rippen [ضلع = ܠܓ für ܠܓ ܚܠ צֶלַע wie اصل =
ضبع für ܚܠ].
ἀδίκως [ὀκνηρὸς Constitutt 16⁸ = צָבֵל] sehr ἄδικος: Jäger 24
nannte zweifelnd גָּדִיל als das entsprechende.
ob der mann bei ἐπονειδιστος ἔσται = מַחְפִּיר an חֶרְפָּה 26ᵇ
ὀνειδισμὸς ὄνειδος gedacht?
in 106 geht vorauf ἀνὴρ δίκαιος γεννᾶται εἰς ζωὴν und [27]
folgt ἀκάθαρτος ἐν τῇ ψυχῇ γεννᾷ λογισμούς.
לָהֶגֶת מַאֲמָרִים μελετήσει ῥήσεις κακάς = לְשֹׁן מַאֲמָרֵי דַעַת 27ᵇ
[בַּאֲמָרִים רָעִים?].
עָרַב בֵּן בְּלִיַּעַל | ὁ ἐγγυώμενος παῖδα ἄφρονα = עַד בְּלִיַּעַל 28ᵃ
δικαίωμα ABYz, νόμον 23 161ʳᵃⁿᵈ.
אָוֶן κρίσεις = דִין (Hitzig): ד für א wie 24, 2ᵃ.   28ᵇ
לָנוּ ὁμοίως ABYzהא, ὤμοις richtig Clemens 83⁴⁰ Grabe. 29ᵇ
der Syrer לְנֵי (Vogel).

20

1ᵃ   שֵׁכָר μέϑη = שִׁכְרוֹן.

1ᵇ   mufs mit Cl. Valckenaer zu Eurip Phoen 397 πᾶς δὲ ὁ συμ-μαινόμενος οὐκ ἔσται σοφός geschrieben werden: der wein selbst ist μαινόμενος Plato νόμοι 773ᵈ. der interpret verwechselte שֹׁגֶה mit שֵׁכָר. B substituiert 3ᵇ, A hat 3ᵇ nach dem echten 1ᵇ, in dem συμμενόμενος nur falsche schreibung ist: λυμαινόμενος yz 68 161, μὴ συγγενόμενος 149, μὴ συγγινόμενος 260, συνμιγνύμενος τοιούτοις 23, συμμιγνύμενος τούτοις אlect ה, der mit ihnen gemeinschaft hat אrand, τούτοις + nach συμμαινόμενος 254 | πᾶς δὲ scheint gegen Ayzאה in 23 253 254 zu fehlen: da die Masoreten לְבַד lesen, würde ich πᾶς δὲ für späteren zusatz halten, wenn jemals die revisoren ו δὲ übersetzten.

2ᵃ   οὐ ABγz, οὐ δὲ 149, οὐδὲν ה 253 260 | Θυμοῦ ABγzארב, βρυγμοῦ richtig 254 (βρυγμῷ 161ʳᵃⁿᵈ). denn βρυγμοῦ kann nicht aus einer andern übersetzung stammen, da diese den ganzen satz in einer sich enger an das hebr anschliefsenden form gegeben haben, und somit, um חרב auszudrücken, einen casus obliquus nicht gebraucht haben würde. אrand אlect drücken Θυμοῦ verschieden aus, was auch dafür spricht, dafs es erst durch eine revision in die armenische bibel gekommen ist.

2ᵇ   ὁ δὲ παροξύναν αὐτὸν καὶ ἐπιμιγνύμενος yz 68 161 248, καὶ ἐπιμιγνύμενος > ABאה. da בְּרִיתְךָ ἐμίχϑη ἐμίγη ἐπεμίγη und בְּרִיתְךָ συμμιγής übersetzt wird, glaube ich eine verwechslung von בְּרִיתְךָ und בְּרִיתְךָ annehmen, und ἐπιμιγνύμενος für echt halten zu dürfen. dann mufs παροξύναν verderbt sein; denn dem ἐπιμιγνύμενος kann nur ein ungefähr mit ihm gleichbedeutendes particip vorausgehn. der sinn von 2ᵇ wäre der des Deutschen sprichworts *mit grofsen herrn ist nicht gut kirschen essen*. הקנא ist falsch; הקנא שׁכב kann man nicht sagen; höchstens הִגְלָה 8, 36: ich vermuthe הָיָה.

3ᵃ   רָגַז ἀποστρέφεσϑαι = שׁוב: es stand שָׁב im archetypus | λοιδορίας ABγz, λοιδορίαν 297. λοιδορίας ist genetiv und wohl echt, da unser interpret wohl noch gewufst haben wird, dafs ἀποστρέφεται mit dem accusativ nur von dem gesagt wird, der sich aus ekel abwendet ¹).

---

¹) wenn Euripides Iphig taur 801 dem Orestes μή μ' ἀποστρέφου in den mund legte, so erhellt aus 799, dafs er den sprachgebrauch kannte.

מֶחֶרְפָּה und יָחֵרְשׁ ὀνειδιζόμενος und αἰσχύνεται nach Jäger 4ᵃ
= מֶחֶרְפָּה und שׁ יַחֲרֵשׁ; doch fragt sich, ob für αἰσχύνεται nicht
mit 254 αἰσθάνεται zu lesen ist, da יַחֵשׁ = ‌ܫܐ dem αἰσθάνεται (aramaisierenden dialekt des interpreten voraussetzet) ganz
leicht, שׁ יַחֲרֵשׁ dem αἰσχύνεται [αἰσχυνθήσεται z 109 147 157]
nur dann entspricht, wenn man das verstummen mit Jäger für
ein *signum hominis pudentis* nehmen will: der bescheidne ver-
stummt aber nicht, sondern fängt gar nicht erst an zu reden.

בְּזֹאל für יִשְׂרָאֵל und הָגֵן für וָאֵין. vgl zu 24, 2ᵃ. 4ᵇ
βουλὴ ABγzעהז Orig II 382ᶜ, λόγος 109 147 157 297. da 5ᵃ
ich nicht einsehe, wie das letztere aus dem ersteren hat entstehn
können, so halte ich λόγος für ursprünglich. λόγος ist in der
bedeutung *überlegung* im späteren griechisch auffallend selten,
und die muſs es doch hier haben haben sollen, als man es für
עֵצָה setzte.

für הַכֹּהוּ אִישׁ יִקְרָא רָב־אָדָם der Grieche אִישׁ יָקָר אָדָם רַב 6ᵃ
חָסֶד (Jäger).

καταλείψει ABγzעהז, ποιεῖ 149 260: im hebr keines der 7ᵇ
beiden.

מֹזֶרֶה οὐκ ἐναντιοῦται = מוֹזֶרֶה, eigentlich *es ist verweht*. 8ᵇ
ebenso der Syrer ܡܬܒܕܪ ܡܢ ܩܕܡܝܗܝ: ܠܘܙܝ מִן κύλινδρος
Geop 9, 20 vgl ܒܠ܂ܡܟ | ἐν ὀφθαλμοῖς ABγzעהז, ἐνώπιον 109
vielleicht (wie οὐδέν 161 ʳᵘᵈ für πᾶν) echt.

καθαρός ABγz, ἁγνός 106 | ἁμαρτιῶν ABγzעהז, ἁμαρτίας 9ᵇ
Constitt 33²² 243¹⁵.

10-13 folgen auf 22, acht hemistiche: אף 23 gehn nach der 10
ordnung des masoretischen textes. für den zehnten vers steht in
106 angeblich der dreiundzwanzigste.

καὶ ὁ ποιῶν αὐτὰ ἐν τοῖς ἐπιτηδεύμασιν αὐτοῦ συμποδι- 11
σθήσεται AB [nach Mai] ז, καί γε οἱ ποιοῦντες αὐτὰ ἐν αὐτοῖς
συμποδισθήσονται 23. diese zeugen fangen dann mit גַּם־ einen
satz an. andre hingegen ziehn καὶ ὁ ποιῶν αὐτὰ zu 10ᵇ und
nehmen das folgende νεανίσκος als subjekt von συμποδισθήσεται. für συμποδισθήσεται hat 109 αὐλισθήσεται, in z 147
157 297 steht ὑποσκελισθήσεται. ich bin rathlos und führe
nur Jäger's vermuthung an, aus גַּם שְׁנֵיהֶם 10ᵇ sei גַּם לִמְּחָה =
καὶ ὁ ποιῶν αὐτὰ und aus יִתְחַבֵּר 11ᵃ יִתְלַמֵּד geworden | אִם
μετά = עִם (Jäger), וְאִם wird nicht übersetzt.

13* מַשָּׁא καταλαλεῖν. da לְשׁוֹן Ps 101, 5 κατελάλητε übersetzt wird und מַלְשִׁינֵי in den targumen oft *verleumdung* bedeutet, denke ich an ein wort wie מַלְשְׁנָה. doch ist zu beachten, was Jäger zu 17, 9 anführt: Sirach 19, 7 δευτεροῦν λόγον. vgl Drusius quaest ebr I 4. | תֵּירָשׁ ἐξαρθῆς = תֵּהָרֵשׁ (vgl Iud 2, 3) oder (so Schleusner?) = תִּירַשׁ Iud 1, 21. 22.

14   14-19 > griech. in אח 23 149 253 260 steht eine übersetzung, welche ח dem Theodotion zuschreibt; vers 17 citiert aus ihr Athanasius festbriefe ⌐ 20: der 19 findet sich auch in Parsons 106. ¹⁴πονηρὸν πονηρὸν ἐρεῖ ὁ κτώμενος, καὶ πορευθεὶς τότε καυχήσεται. ¹⁵ἔστι χρυσὸς καὶ πλῆθος ἐσυτάτων καὶ σκεύος τίμιον χείλη γνώσεως. ¹⁶λαβὲ τὸ ἱμάτιον αὐτοῦ, ὅτι ἐνεγυήσατο ἀλλότριον, καὶ περὶ ξένης ἐνεχύρασον αὐτόν. ¹⁷ἡδύνθη ἀνθρώπῳ ἄρτος ψεύδους, καὶ μετὰ τοῦτο πληρωθήσεται τὸ στόμα αὐτοῦ ψηφίδος. ¹⁸λογισμοὶ ἐν βουλῇ ἑτοιμασθήσονται, καὶ ἐν κυβερνήσεσι ποίει πόλεμον. ¹⁹ἀποκαλύπτων μυστήριον πορεύεται δόλῳ, καὶ ἀπατῶντι χείλη αὐτοῦ μὴ συναναμίσγου¹). Cappellus crit sacr III 9, 24 bemerkt, daſs 16ᵇ der Grieche (er sagt LXX) und der Chaldäer נָכְרִיָּה für נָכְרִים gelesen: er selbst will mit Hieronymus נָכְרִיִּים sprechen.

20ᵇ בְּאִישׁוֹן: Sophocl Oedip tyr 419 βλέπων σκότον, Eurip Phoen 377 σκότον δεδορκώς (Jäger).

21* ἐπισπουδαζομένη = dem qeri מְבֹהֶלֶת Cappell crit III 8, 15. *pecuniam haeredi properet* Horaz carm III 24, 61. 62 (Jäger).

---

¹) 14ᵃ das eine πονηρὸν > 253 | 15ᵃ ἵστανται 149 260 | 16ᵃ ἐνεγυήσατο 149 253 260 | 16ᵇ ἐνεχυράσειν 23, ἐνεχύρας 149 | 17ᵃ ψευδῆς 23 | 17 μεταπληρωθήσεται ohne τοῦτο 149 253 260 | 17ᵇ τὸ > 149 260 | 18ᵃ λογισμὸς und ἑτοιμασθήσεται 23 | 18ᵇ κυβερνήσει 149 253 260 π: Ein punkt mehr, und in π stände der plural | 19ᵃ μυστήρια 106 | 19ᵇ ἀπατῶν τι ohne καὶ vorher 106 | y ergänzt 14-19: Κακὸν κακὸν λέγει ὁ ἀγοράζων, καὶ ὡς ἀπῆλθε τότε καυχήσεται. Εστι χρυσὸς καὶ πλῆθος λίθων πολυτιμῶν καὶ σκεύη ἔντιμα χείλη συνέσεως. Ἀφελοῦ τὸ ἱμάτιον τοῦ ἐγγυηθέντος ἀντὶ ἀλλοτρίου, καὶ ἀντὶ ἀλλοτρίας λάβε ἐνέχυρον παρ' αὐτοῦ. Ἡδὺς ἀνθρώπῳ ἄρτος ψεύδους, καὶ ἔπειτα ἐμπλησθήσεται τὸ στόμα αὐτοῦ χαλίκων. Διαλογισμοὶ ἐν βουλῇ στερεῶνται, κιβερ ἠσεσι δὲ γίνεται πόλεμος. Ὁ ἀποκαλύπτων βουλὰς ἐν συνεδρίῳ, πορεύεται δίγλωσσος, καὶ μετὰ πλατύνοντος τὰ ἑαυτοῦ μὴ μίχθητι χείλη. die herausgeber der bibel von Alcala haben dies exercitium offenbar selbst gemacht.

יֶלֶד muſs יָלֵד sein. was Freytag IV 504ᵇ giebt, ist ganz ge- 25
eignet יָלֵד I IV als synonymum von טָהוֹר erscheinen zu lassen.
dann wäre קֹדֶשׁ zu sprechen, und der Grieche hätte richtig über-
setzt | um μετανοεῖν für בָּקָר in der ordnung zu finden, muſs
man von den klassikern, nicht vom NT herkommen. μετανοεῖν
bedeutet im alten griechisch so wenig buſse thun wie תּוֹרָה im
alten hebräisch geſetz: μετανοεῖν ist andern sinnes werden ohne
rücksicht auf den grund, aus dem, und die empfindung, mit der
es geschieht.

auf unsre stelle geht Cor α 2, 10 zurück. Clem 221⁴³ 27
πνεῦμα κυρίου λύχνος ἐρευνῶν τὰ ταμεῖα τῆς γαστρός. aus
ח sehn wir, daſs λύχνος dem Theodotion gehört, φῶς des alten
interpreten setzt בְּיַד voraus: ἡ λύχνος stand einst als glosse zu
φῶς am rande, in Ay 106 149 248 252 253 254 260 296 ש ist
es hinter ἀνθρώπων in den text gerathen, wo ε ἡ λαμπτὴρ hat.

Clem 171⁴³ ἐλεημοσύναι δὲ καὶ πίστεις φυλακαὶ βασιλι- 28ᵃ
καί. καὶ πίστις hat auch 23, aber (wie es scheint) vor, nicht
für καὶ ἀλήθεια. πίστις und ἀλήθεια sind verschiedne übersetzungen von אֱמֶת.

לָהֶם σοφία = חָכְמָה (Jäger). 29ᵃ
ὑπώπια LBos exercitt 140 (Jäger) | תַּמְרִיק συναντᾷ = 30ᵃ
מִקְרֶה, indem das anfangende ת wohl an פגע abgegeben wurde,
um mit diesem צְרִיחַ zu bilden: צְרִיחָה s Buxtorf.

21
θεοῦ ABy שדי Orig I 816ᵈ, κυρίου 161ʳᵐᵈ 'ΑκΣΘ [nach 12ᵃ
חʳᵐᵈ] = יַהֲוֶה.

ἐὰν θέλων B, δ' ἂν θέλῃ 23 106 252, ἐὰν θέλῃ ε 109 147 21ᵇ
157 297, δ' ἂν θέλων Ay 149 161 248 260 296, δ' ἐὰν θέλων
253 254. da für νεῦσαι in Ay 68 149 161 260 296 νεύσῃ steht,
so ist denkbar, daſs in θέλῃ und νεύσῃ verschiedne übersetzungen
von יֶחְפָּץ vorliegen, welche man später zu θέλων νεύσῃ oder
θέλῃ νεῦσαι verband. ich halte νεύσῃ für echt, weil ich unserm
freunde gern eine erinnerung an Ilias α 528 zutraue.

θεῷ ABy 23, κυρίῳ = לַיהֲוֶה 106 252 253 הא, κυρίου 23. 3ᵇ
נֵר = لمس die Masoreten haben das wort wohl nur defectiv 4ᵇ
geschrieben, um es von נִיר Hier 4, 3 zu unterscheiden. die beiden hemistiche verhalten sich zueinander, wie die glieder des
scholion bei Athenaeus ιε 695ᵃ ὁ καρκίνος κτέ. übermuth und

hoffart, aber ihr joch tragen die gottlosen bei alle dem (die sünde).
λαμπτὴρ = נֵר Cappell crit III 19, 3 vgl Buxtorf antier 515 |
ἁμαρτίαι Ayz^{om} oder αἱ ἁμαρτίαι echt, ἁμαρτία B רשע = רשעה.

5   > AB?; was אזיז 23^{obel} 106 109 147 149 252 260 bieten,
stammt rach ח aus Theodotion: λογισμοί ¹) συντέμνοντος ²)
πλὴν εἰς περισσείαν, καὶ πᾶς ֹ֑) ἐπισπευδάζων πλὴν εἰς
ὑστέρημα ⁴).

6ᵃ   כל סכל ὁ ἐνεργῶν = כֵּל.

6ᵇ   כדף διώκει = רדף (Jäger) | nach διώκει + καὶ ἐλεύσεται
Orig III 300ᵇ, καὶ ἔρχεται Ayאכ ^{om} | בְּמֹקְשֵׁי ἐπὶ παγίδας =
לְמוֹקְשֵׁי. Cappell crit V 12, 23 gab מוֹקְשֵׁי an.

7ᵃ   יִגְרַם ἐπιξενωθήσεται = יָגֻרַם (Hitzig).

9ᵇ   ἀδικίας ABy אכז, ἀηδίας ח 23 252.

10ᵃ   אִיּוֹחַ רָע > AB?, y ergänzt aus eignen mitteln ἐπιθυμεῖ
κακῶν. nach ח Symmachus [ܠܐ ܡܨܐ ܠ], dem ἐπιθυμήσει πονηρόν⁵)
καὶ 23 106 149 252 260 297 entspricht, א hat ein praesens.

10ᵇ   der Grieche בְּעֵינֵי für בְּעֵינָיו (Jäger).

11ᵃ   κακὸς für ἄκακος haben 149 260, ἄφρων 161^{rand} revision.

12ᵃ   לבית καρδίας = לֵב (Jäger). ψυχὰς 23 106 161^{rand} 260.

17ᵇ   εἰς πλοῦτον ABy אכז, οὐ πλουτήσει wohl richtig Grabe
23 106 149 252 260 297. freilich wird ח^{rand} dies Ἀκ Σ Θ zu-
geschrieben.

18ᵇ   > dem Griechen. καὶ ἀντὶ εὐθέων [hdss εὐθείων] ἀσύνθετος 23 252 297 und mit ἀσύνετος 106 253, mit παράνομος
y gehört (wie ἀσύνθετος = בגד beweist) einem späteren.

19   ἐν τῇ ἐρήμῳ Bאכ, richtig ἐν γῇ ἐρήμῳ Ayzח 109^{om}, ἐν ἐρήμῳ
Constitt 13¹¹. السكنى فى القفر in ל vgl mit سكن القفار Grangeret
anthol 101, 7: Hamása 293, 16 القفر الارض الخالية Hariri 366, 4.
150^{ende}. auch von Castellus s v belegt.

20ᵃ   וְשָׁכַן ἀναπαύσεται = יִשְׁכֹּן (Jäger) | בְּפִיהוּ ἐπὶ στόματος
ABy, ἐν στόματι 253, z Grabe ἐπὶ δώματος! das wäre עַל גַּג:
hatte Grabe das NT nie griechisch gelesen?

---

¹) א jetzt λογισμός: da der satz kein zeitwort hat, ist der plural durch
Einen buchstaben zu beschaffen. | ²) συντέμνοντις 23 252 | ³) ὁ μὴ oder
μὴ + 106 109 147 149 252 260 z. ändrung eines menschen, der den vers
nicht verstand. | ⁴) y liefert wieder spanisches griechisch: διαλογισμοὶ
ἀνθρώπου εἰς πλησμονήν, καὶ πᾶς ὁ σπεύδων ἐν ἐλάσσονι. | ⁵) πονηρά 23 106,
πονηρῶν 297.

דֶּרֶךְ ὁδός = דֶּרֶךְ (Jäger). in ᵇ > צְדָקָה, δικαιοσύνην nach 21 ׃
ζωήν + הא 23 253 254, die beiden letzten und הא mit καί davor.
בְּעָדְךָ ἐκ θλίψεως = בְּעַד.   23ᵇ
יָחֹן ἐλεεῖ καὶ οἰκτείρει = יָחֹן (Jäger).   26ᵇ
ὑπήκοες schr ἐπήκοος (Jäger). לְנֶצַח φυλασσόμενος, לְנֶצֶר 28ᵇ
Cappellus IV 6, 3!
יָבִין συνιεῖ = יָבִין Cappellus III 9, 15.   29ᵇ
תְּבִיָּה ἀνδρεία = גְּבוּרָה (Jäger) | יְחִיָה לְנֶגֶד πρὸς τὸν 30ᵇ
ἀσεβῆ = לְנֶגֶד נְחִיָה (13, 19ᵃ). κατέναντι κυρίου 23 109 147 157
295; in 297 steht dies stückchen revision hinter, nicht statt πρὸς
τὸν ἀσεβῆ.

22

עַקֵּשׁ רָאָה רַע בְּיֵצֶר יֹצֶר =   3ᵃ
γενεά [γέννα 106] schr πτέρνα. עָקֵב ist durch den mit 4ᵃ
dem عرب des arabischen sprichworts identischen Jakob zu einer
traurigen berühmtheit gelangt: Jakob's gegner עָקֵשׁ werden spätere
mit ܚܠܦ (meine urgeschichte der Armenier 1064) zusammen zu
halten nicht anstehn: Ardistis ist קְדֵשָׁה. dem בִּינָה entspräche
κατηφείας besser als σοφίας. ܚܠܝܬ ἐπιείκεια πραότης vgl
Athanas 117 ‒ 6 ܠܗ 10 ܥܠ 20 von ܚܠܝܬ ebenda ‒ 22; aber
ܐܬܚܠܬ er pflag umgang mit ܒ 23 ܨܠ 24 ܚܠ 12 ܡܢ 26,
also weiterbildung des ܚܠܐ ܚܠܐ Analect 168, 22 ὡμίλησε, woher
ܚܠܬ umgang Athan 47, 21. 48, 4 ܥܠ 26, διατριβή Euseb
θεοφ ε 24, 9.
> griech. nach ה gehört dem Theodotion, was 23 109 6
147 149 157 253 254 260 296 297 bieten ἐγκαινισμὸς νέου
κατὰ τὴν ὁδὸν αὐτοῦ· καί γε ὅταν γηράσῃ, οὐκ ἀποστήσεται
ἀπ' αὐτοῦ.| y liefert auch hier eignes fabrikat ἐγκαίνισον τὸ
παιδίον κατὰ τὴν ὁδὸν αὐτοῦ, καί γε ἐὰν γηράσῃ οὐκ ἀποστήσεται ἀπ' αὐτῆς.
wegen δανειοῦσι verweist Jäger auf Suidas unter θεριῶ.   7
doppelt da = וַיְכַבֵּד [וְכָבֵד] כַּבְּדֵתִי יְכַבֵּד: Jäger fand יְכַבֵּד 8ᵇ
und כַּבְּדֵתִי. שֵׁבֶט kann πληγή nicht sein, obwohl חָבַט [ܡܚܐ
ἐξετίναξε Geop 19, 12] und שֶׁבֶט auf dieselbe urwurzel שׁוב zurückgehn: ܒܛܒܛܐ = ܚܒܛܐ Geopon 112, 6 πολύγονον. der
satz ἄνδρα ἱλαρὸν καὶ δότην εὐλογεῖ ὁ θεός wird Cor β 9, 7
citiert, er ist = 9ᵃ [Hitzig].

9   9ᵃ steht zwischen den beiden fassungen von 8ᵇ, 9ᵇ ist τῶν
γὰρ ἑαυτοῦ ἄρτων ἔδωκε τῷ πτωχῷ: in τὴν μέντοι ψυχὴν
ἀφαιρεῖται τῶν κεκτημένων erkannte Hitzig 1, 19ᵇ. so bleibt
übrig ὁ ἐλεῶν πτωχὸν αὐτὸς διατραφήσεται· νίκην καὶ τιμὴν
περιποιεῖται ὁ δῶρα δούς. diese beiden hemistichien können so
keinen vers gebildet haben: wir müssen daher annehmen, dafs die
folge der sätze so wie sie die griech hdss bieten, ursprünglich ist.

10ᵇ   דִּין וְיֹשֵׁב בֵּית דִּין ‎ὅταν γὰρ καθίσῃ ἐν συνεδρίῳ = וְיָשַׁב בֵּית דִּין‎.
das erste wort erkannte Vogel.

11   χάρις χειλέων und ἑταῖρος αὐτοῦ 161ʳᵃⁿᵈ sind jüngere übersetzungen von חֵן שְׂפָתָיו und רֵעֵהוּ. ob ἐν ταῖς ὁδοῖς αὐτῶν
nach ἄμωμοι echt ist? yz 68 161 248 haben es. der Grieche
hatte mehr als die Masoreten: רָמָה für רָמָיָּה (Jäger).

12ᵇ   der Grieche דְּבָרִים (Jäger).

14ᵃ   וְזֶרַח παρανόμου = [arabic] Athanas 18, 9? 'זר konnte ja auch
mit ב ergänzt werden.

[14] εἰσὶν ὁδοὶ ὀρθαὶ [ἃς οὐ 23] πορεύεσθαι ἀνδρί, ὁ δὲ ἀσεβὴς ὁδοὺς θανάτου καὶ ἀπωλείας φιλεῖ. εἰσὶν ὁδοὶ κακαί,
ἐνώπιον ἀνδρός, καὶ οὐκ ἀγαπᾷ τοῦ ἀποστρέψαι ἀπ' αὐτῶν·
ἀποστρέφειν δὲ δεῖ ἀπὸ ὁδοῦ σκολιᾶς καὶ κακῆς. der erste
vers nur in ת 23 254, den zweiten haben alle zeugen aufser y.

15ᵃ   der Syrer hat hier an der LXX genascht und in der hast
ἀνοίᾳ ἐξίπταται καρδία νέου gelesen. [syriac] ποιεῖ ἐξίπτασθαι
ב Prov 7, 10: [syriac] vom fliehenden schlafe Gen 31, 40 Iob 20, 8
Macc α 6, 10: zu [syriac] Geop 23, 7 fehlt δ 15, 10 das griechische. [syriac] für הִרְהִיב Cant 6, 5 wo Hläs [arabic] gesagt
hätte. ich erwähne dies alles, damit nicht halbwisser aus dem
avolavit im Castellus s v [syriac] gegen meine anmerkung zu Prov
7, 10ᵇ operieren, zu der ich aus MI nacht I 2, 24 [Bûlâq] gern
[arabic] nachtragen will: sein verstand flog aus seinem
kopfe, ihm schwindelte. ܠ gegen ܓ ʏ ist freilich ebenso ungewöhnlich als ܠ ܓ gegen ʏ gewöhnlich ist: ε b צָף = [arabic]
[syriac]. das syrische wort = er fuhr zu schiffe Athan [arabic] 21 Cureton spicil 39, 2: ἐπεπόλατε Geopon 114, 29 [ιδ 11, 8 gegensatz
[syriac]] (ἐπ)έπλευσε 11, 19 [β 33, 1] (ἐπ)έστη 87, 3 [θ 26, 2].
ב ist in allen dialekten dem ʏ voraufgegangen, כּוֹשָׂב also nur
eine stehngebliebne alt-semitische form, wie etwa das i des Deutschen nachtigall bräutigam nicht auf den heutigen standpunkt

der sprache gehört. — das dem entsprechende فرد ist ganz
gebräuchlich, durch تفرد erklärt Castellus das von יָחִד hergeleitete
(wie seltne) , welches ich gern mit folgender stelle aus
Mus britann 12173 belege:
 ¹³⁰ ᴅ
 ¹³¹ ᴀ :

[Syriac text, 8 lines]

15ᵇ der Grieche deutete [ἀσύνδετον wie 5ᵃ, feminincs suffix in יְרָהיקְפָה wie im arabischen] *stork, züchtigung — er entfernt sie von sich.*

17 καὶ ἄκουε ἐμὸν λόγον nahm der midrāsch aus דְּבָרַי, das sich auch דְּבָרֵי sprechen liefs. לְדַעְתִּי ἵνα γνῷς = לָדַעַת, ὅτι καλοί εἰσιν = כִּי נְעִימִים 18ᵃ (Jäger).

18ᵇ εὐφρανοῦσί[ν] Byzא, εὐφραίνουσίν Aב, richtig εὐθυνοῦσί. εὐθύνουσί ה, ohne accent 23.

19ᵇ der Grieche לְהוֹדִיעֲךָ, אַף אַיֵּה zog er zu 20ᵃ (Jäger).

20ᵇ שָׁלִשִׁים natürlich τρισσῶς: da aber nur zwei substantiva folgen, änderten einige in δισσῶς Clem 126¹³ (*dupliciter et tripliciter* Orig II 110⁴), andre setzten καὶ ἔννοιαν zu (23 68 106 149 248 260), 297 καὶ σοφίαν. τριχῶς 106ʳᵃⁿᵈ Orig zu Mth ı 3. διχῶς *auf zwei verschiedne arten* Clemens 129³⁴ 194³⁴ 303³⁶,

¹) ich bitte dies zugleich als nachtrag zu § 144 meines Hippolytus anzusehen. die accentuation war mit diesen typen nicht genau auszudrücken, und ich will aufserdem in einer anmerkung eingestehen, dafs ich die gelegenheit das obenstehende abzudrucken mit den haaren herbeigezogen habe. ich hatte dem syrischen text ursprünglich eine andre stelle bestimmt und ihn in einer von mir nicht verschuldeten pause des drucks im voraus absetzen lassen, als der officin die syrische schrift auszugeben begann: vgl *appendix arabica* iv endo. ich mufs also hand über herz legen. Hippol 204, 3 ist ἄλλῳ in παλαιῷ zu ändern (vgl zu Prov 8, 18ᵇ). sonst will ich zu meiner ausgabe bemerken, dafs § 14 eine überarbeitung von § 1 ist. vgl z b 7, 11 mit 103, 7 oder 7, 21 mit 102, 24. die citate aus der catene des Nicephorus gehören zu 14. § 145 hätte ich nicht besonders aufführen sollen, vgl 60, 9.

διττός wird von zwei im grunde zusammengehörenden seiten oder theilen derselben sache gesagt Clem 7^2 19^{18} [33^{10}] 35^{26} 55^{48} 65^{53} 71^{35} 106^{49} 117^{26} 121^{31} 124^{47} 127^{30} 131^{40} $164^{25.\,26}$ $165^{25.\,32}$ 166^{46} 179^{42} 222^{25} 229^{21} 233^{25} $246^{2.\,5.\,12}$ 281^{33} 288^{43} $289^{22.\,23.\,30.\,49.\,52}$ 317^9 323^{45}. Moses τετραχῶς (so mit Hoeschel für τετραχῇ) τέμνεται Clem 153^{24}, er behandelt vier ganz verschiedne gegenstände [wer sich einen traurigen spafs machen will, sehe was die dogmenhistoriker aus der einfachen stelle gebraut haben]. διττοί daher so oft bei Euripides = *ein paar*, δίχα aber = ἄνευ. es kommt also für den sinn viel darauf an, ob τριχῶς oder τριττῶς geschrieben wird: ohne ein eingehen in die gnostischen systeme wird nicht zu entscheiden sein, in welchem verhältniss βουλή γνῶσις und ἔννοια stehn.

τοῖς προβαλλομένοις σοι muls = τοῖς προβάλλουτί σοι 21^b sein (Ernesti lex technol rhet 286) = לִשְׁאָלֶיךָ (IDMichaelis neue bibliothek VII 199). ח hat ܐܘ ܠܟܘ ܘܐܣܒ ܀ ܠܢܕܣ: dies empfehle ich den erklärern von הַיָּד הַיָּד Iud 14, 12 zur beherzigung. הַיָּדָה ist man seit JJBellermann [Eichhorn bibliothek 8, 1057] gewohnt auf חָד zurückzuführen, da es sich doch vom gleichbedeutenden ܐܣܠ [1]) nicht trennen läfst. da nun אָרַם אֶחָד ist, kann הִידָה = אֲחִידָה wegen seines יד nur aus einem aramäischen dialekte entlehnt sein. ʰʰʰ ist wörtliche übertragung des aramäischen wortes (von ܢܣܒ *nehmen*) und beweist für die zustände des alten Armenien soviel wie z b *pardonner* als wörtliche übersetzung des Deutschen *vergeben* für die im alten Nordfrankreich: der Deutsche gedanke trug ein romanisches kleid. das zu ܐܣܠ stimmende اخذ kenne ich leider nur aus dem wörterbuch.

κρίσιν Bz, δίκην Ay 68 161 248 296. 23^a

der griechische wie der hebr text scheinen verderbt. τὴν 23^b für σὴν 147. ܣܡܣ ist eine ganz bekannte wurzel sinnlicher bedeutung: ἐνέπηξε Geop 84, 16 παρέπηξε 81, 15: sie ist mit קָבַע nicht verwandt, für das LXX Malach 3, 8. 9 durch ἐπτέρνισε gut auf עָקַב gewiesen haben.

μὴ συναυλίζου ABγz, μὴ συναλίζου? vgl Constitt 67, 10. 24^b
μὴ εἰσέλθῃς 161^{rand} ein späterer.

---

[1]) ich mache den unfug nicht länger mit, nicht im satze stehende syrische wörter im status emphaticus anzugeben.

25ᵇ βρόχον 254 nach מוֹקֵשׁ für βρόχους ABy z.
26ᵇ פָּנִים בּשֹׁ aἰσχυνόμενος πρόσωπον. er dachte an נָשָׂא פָנִים und falste das wort wie קרח בימי 9, 3ᵇ.
29ᵃ meine Reliqq graec zu 75, 19.

23

2ᵃ וְשַׂמְתָּ שַׂכִּין בְּלֹעֶךָ καὶ ἐπίβαλλε τὴν χεῖρά σου, εἰδὼς ὅτι τοιαῦτα σε δεῖ παρασκευάσαι = שָׂכֵן לְשָׁכָן [בּוֹ יָדֵיהַ] סַכֶּן כָּלִיהַ. ـمعث ἐδωρήσατο Reliqq 26, 11 παρέσχε 69, 3 ـهعـلـ χάρισμα Athan 28, 11 حـصـ 20 [Reliqq 65, 5] ـصـمـلـ schenkend Athan 46, 14 Eines stammes mit ـعـصـ und תָּכֵן ἡτοίμασεν. לֹעַ kenne ich im aramäischen nur für kinnbacken (Buxtorf giebt auch schlund an), nicht für kehle: niemand setzt sich aber ein messer an die kinnlade oder den schlund. also wird בּلוعك = בְּלֹעֶךָ sein und durch 2ᵇ erklärt oder glossiert werden.

3ᵇ לְחַיִּים לָחֶם ἔχεται ζωῆς = לְחַיֵּי: Vogel gab לֶחֶם an.
4ᵃ der Grieche אַל־תִּתֵּן לִפְשַׁע (Hitzig).
5 es muſs κατεσκεύασται [κατεσκεύασε Orig I 666ᶜ] αὐτῷ πτέρυγας heiſsen (Jäger), ἑαυτῷ 253, πτέρυγας 252 253 Orig. הַבַּיִת = εἰς τὸν οἶκον τοῦ προεστηκότος αὐτοῦ: wem das die midräschnatur der übersetzung nicht klar macht, dem ist nicht zu helfen.

7ᵃ שַׂעַר τρίχα = שַׂעַר: nachher אֹכֵל וְשָׁתָה (Jäger).
7ᵇ der Grieche nimmt den anfang von 8 mit 7ᵇ zusammen und macht sich וּלְבֵיתְךָ בַּל תִּבְרִיאֵנִי עִזָּה לְהַאֲכִילוֹ פָּתָה כִּפִּי zurecht.
8ᵇ וְשָׁחַת καὶ λυμανεῖται = וְשִׁחֵת (Jäger).
16ᵃ ἐνδιατρίψει Byz, ενδιατριψη A, ἐνδιαθρύψει gut Grabe.
20ᵃ συμβολαῖς ABy zה, συμβουλαῖς ⁊ 106 252, συμβουλῆς 297. ـمـصـلـ (wie כִּבְלִי Buxtorf 1422 aus συμβολή entstanden) in gewöhnlichem gebrauch: unser freund wiederholte also ᵃ in der form אַל־תִּתְחַר בִּסְבִיבָיו, wo סְבִיבֵי = συμβολικὸς Antbol ɪ 135, 4.
20ᵇ בְּדֻבְנֵי ἀγορασμοῖς = einem frei übersetzten (בְּדֻבְנֵי) صـنـعـلـ oder لـصـنـعـلـ paſst nicht zum vorhergehenden).
21ᵃ בָּלַל πορνοκόπος in der bedeutung von أشـلـل genommen, vgl zu 3, 21.
21ᵇ zu קֳדָשִׁים stellte sich zunächst صـפـהـل [ich kenne es nur für σκάφαι Geopon 85, 16 = ܗ 19, 7: ebenda ɪs 4, 4 sind σκάφαι ـصـדـל 100, 2: غرب eimer]. صـפـهـل ist mit

ܚܣܝܐ identisch: ܪܩܥܐ܂ ܐܘܚܣܝܐ ὀθόνιον Geop 87, 24. 92, 12. 111, 1: λινοῦν ῥάκος Epiphan π μέτρων 165ᵃ [hds 51ᵃ]: ohne ܪܩܥܐ܂ ῥάκος Geop 104, 4 [104, 5 ܒܗ݁ܝ ἐνύξε] 105, 4 [wo ܐܚܣܝܘܗܝ schreibfehler der hds] ܚܣܘܗܝ ὀθόνη Geopon 87, 26 und كَعْد, *lappen*: das masculinum ܚܣܐ܂ belegt Castellus. über ܟܪܕܣܐ [= بُرْدَعَة aus persischem بَرْذَعُ Castellus 430] in ה bitte ich sich nicht zu beunruhigen: aus der trödelbude der register wäre Iacobus Baradaeus sammt Assemani und Maqrizi leicht hervorzuholen gewesen: und der mann könnte als stifter der Jacobiten bekannt sein. Castellus trägt aus ס unsrer stelle „ܟܪܕܣܗ܂" ein: *ihm* nehme ich nicht übel, dafs er die construction von ܐܠܒܫ mit doppeltem accusativ nicht gekannt. „ܣܪܓܐ" *sattel* hat er für „ܟܪܕܣܗ܂" verlesen: das gleichbedeutende spanische *albarda* citiert er unter اَسْرَجَ. מַרְדַעַת schon die Mischna Sabbat 5, 2.

> LXX. aus Theodotion [so ה] ἀλήθειαν κτῆσαι καὶ μὴ ἀπώ- 23 ση [schr aus ה πωλήτης] σοφίαν καὶ παιδείαν καὶ σύνεσιν אֱיֶה*.

ἐκτρέφει ABVzזדה, ἐκτρυφήσει Grabe, sehr ἐκτρυφᾷ. für 24ᵃ δίκαιος wollte Jäger δικαίου haben.

der Grieche übersetzt das קְרִי. 26ᵇ

πίθος τετρημένος aus dem griechischen sprichwort Erasmus 28ᵃ I 10, 33 (Jäger). Erasmus citiert Aristoteles oeconom a [1344ᵇ 24. 25] τῷ ἠθμῷ ἀντλεῖν τοῦτ' ἐστὶ καὶ ὁ λεγόμενος τετρημένος πίθος. diese stelle erklärt, wie der Grieche auf seine übersetzung kam. denn ܕܝܐܬܐ διηθθείς Geopon 110, 12 [ܝܣ 18, 3]: woher ܡܫܚܠ *durchschlag* wie مَشْخَل. ܕܝܐܬܐ Geop 87, 4 [ϑ 26, 2 τὸ αὐτὸ ποιήσας sehr παρ' αὐτὰ διηθήσας: παρ' αὐτὰ wie ܝܣ 19 Hippolyt vi 34, zu welcher stelle recensenten gern zeigen, was sie nicht wissen] ܒ als suffix, vgl zu 19, 14ᵇ.

בְּחָפְזָה συντόμως, denn ܣܠܩ dient für שָׁבַר Ps 29, 5 | תָּאֵב 28ᵃ ἀπολεῖται = הָאָבַד (Jäger).

תֹּסַף ἀναλωθήσεται, er dachte also an סָפָה (Jäger). 28ᵇ

חִנָּם 32mal, LXX meist δωρεάν. μάτην Prov 3, 30 Ps 35, 29 7 [wo δωρεάν eben gebraucht war] Ez 14, 23 [wo p δωρεὰν] ἀδίκως Prov 1, 11. 17 διὰ κενῆς hier Iob 2, 3. 9, 17. 22, 6. man bemerke wie Iob und Proverbien sich ausscheiden. das zuweilen für חִנָּם ἀδίκως gebrauchte ܒܟܣܝܐ entspricht haarscharf dem بِغِش μετὰ δόλου ܙ Prov 10, 10ᵃ 26, 23ᵃ.

31 אֲרָא מֶסֻטְקֶתְסֶ = תְּהִי, was בְּדֵין nöthig machen würde |
ἀλλὰ ὁμιλεῖτε ἐν ἀνθρώποις δικαίοις wird וְהָאָדָם בְּמֵישָׁרִים
wiedergeben sollen, wo אָדָם (nicht אָדָם) als stamm genommen
wurde, wie etwa تكنى zu كنية gehört, ترجل und الصم gesagt wird: vgl von נשׂא Geopon 110, 9 وضمنا ضمنا ἕως ἂν αἱ-
μάξῃ [ιϛ 18, 2]. für καὶ ὁμιλεῖτε ἐν περιπάτοις bleibt nur
יִתְהַלֵּךְ. aber ב יָחִי בִּי wird noch anders gedeutet. ἐὰν γὰρ εἰς
τὰς φιάλας καὶ τὰ ποτήρια δῇς τοὺς ὀφθαλμούς σου, ὕστερον
περιπατήσεις γυμνότερος ὑπέρου. aus בְּמֵישָׁרִים wurde בְּמֵירֵשׁ
[bei Buxtorf 1265 *balken*] gemacht: ضمن hat ת hier für ὕπερον:
ضمّ sichert diesem wort die bedeutung *hänfner strick*, ضمين
Geopon 114, 3 [ιη 14, 2] ὅλμος ἢ θυία (87, 8 steht ضمّ für
ἴγδη und 88, 18 رل = ἴγδη für ὅλμος. übrigens ist ἴγδη für
μίδη schwerlich etwas anders als eine ableitung von einem mit
دسّ دك gleichbedeutenden verbum לה, wie ὅλμος zu הָלְמָה
Iud 5, 26 gehört. λίγδος zeigt, dafs vorn ein konsonant abge-
fallen: Λάρισσα dürfte ähnlich zu erklären und soviel als حصى
sein).

32 ἐκτείνεσθαι Casaubonus zu Sueton Aug 78 Gataker zu Antonin δ 3 (Jäger). πεπληγὼς ἐκτείνεται, denn יכך liefs sich
einmal von נָכָה = ضنى und dann von כֵּה = ضمّ herleiten
[ضم κατέστη Geop 87, 15 ὑφίζητε 85, 30 von sich setzenden
flüssigkeiten]. יַכְבֶּה?

34ª καὶ κατασκηνώσει[ς] 109: בְּשֻׁכְבֵּן?
34ᵇ Jäger meinte κυβερνήτης in חֹבֵל wiederzufinden, allein wäre
das eine hebräische wortstellung? auch bedeutet חֹבֵל nur den
einfachen matrosen. vielmehr וְכָבַן בְּדָרְבָּשִׁישׁל ضنصف
kann ich nicht belegen, ضمصمصد ضمرض Euseb θεοφ α 25
= πηδαλιούχων laud Constant 12, ضمصمصنت ה rand Prov 1, 5:
سكان *anker und steuerruder*. ضنست ist so gewöhnlich, dafs
sogar ein ضمصل davon abgeleitet wird Athan ضم 18.

24

2ª שֵׁד ψευδῆ = שָׁיא. also war שֹׁד geschrieben und ד wurde
für א gelesen, vgl 10, 24ª 19, 28ᵇ 20, 4ᵇ 24, 15ᵇ 28, 2. diese
buchstaben können nur in der alten schrift verwechselt werden.
3ᵇ ende + πόλις Didymus, + πάλιν Cassianus.
4ª μετὰ αἰσθήσεως ABγz, ἐν γνώσει 161 rand.

גְּבַר κρείσσων = ܚܝܠܐ | בְּעוּ ἰσχυροῦ = מָטֵי. 5ᵃ

מַאֲצִיל־בַּח kann mit γεωργίου μεγάλου nicht vermittelt 5ᵇ werden: was hier (parallel mit ἰσχυρός) γεώργιον soll, ist nicht einzusehn und darum der griechische text für verderbt zu halten. da בַּח nur einem lebenden wesen zukommt, muſs γεώργιον in ein wort geändert werden, das ein solches bezeichnet. schr λεωργοῦ: vgl μέγας φίλος Eurip Herc 1252 Med 549 μέγας ἀνήρ Plato Charm 169ᵃ gesetze ε 732ᵃ: da in solchen redensarten μέγας stets vor dem hauptwort steht, ist aus 106 μεγάλου gleich nach ἔχων zu setzen: μεγάλου λεωργοῦ konnte leicht verderben, das adjectiv wurde umgestellt, als man γεωργίου zu lesen anfieng. nun erst ist man berechtigt בַּח בְּאַמְרִי (Hitzig) als ausgedrückte lesart anzugeben, בְּ schon Vogel.

בְּלֵב μετὰ καρδίας = בְּלֵב (Vogel). 6ᵇ

פֵּרָה ἐκ στόματος κυρίου = פִּי יָה. Jäger gab פִּי יְדוּדָה an, 7ᵇ allein יַהְוָה ist unserm freunde Θεός, יָה κύριος 3, 18.

יַקְרָה בֵּינָת מוֹצָאת לְבַעַל gab Jäger an: der Grieche fand also 8ᵇ hier מִמֶּנּוּ geschrieben (vgl 18, 6ᵇ): umgekehrt hat ס Prov 2, 18ᵃ שָׁבְחָה אֶל־מָוֶת zu שָׁחָה אֱלֹמוֹת gemacht, wie Vogel und nicht ὁ ἀλλοτρίων λωποδύτης ἐπέων gesehn.

ich kann Jäger's וְמֵת (für וּמֵת) an sich schon nicht für 9ᵃ hebr halten, תֵּלָכֵד 9ᵇ bestimmt mich מָוֶת אַיֶּלֶת חֲנִיאָתָה als lesart des Griechen anzusetzen: vgl zu 9, 10ᵇ. אַיֶּלֶת vgl zu 12, 8ᵃ: חֲנִיאָתָה paſst dem manne schon als aramaisierend: ܚܢܝܬܐ.

für תֹּבֵן las der Grieche חָבִין (Jäger). hierher (nicht aus 12 Hier 17, 10) καρδιογνώστης Act 1, 24. יֹצֵר πλάσας = יָצַר.

תַּאֲלַב προσαγάγῃς = תְּקָרֵב oder תִּקְרַב (Jäger) | ἀσεβῆ 15ᵃ νομῇ Ayz, ἀσεβεῖ νομήν 254 295, ἀσεβῆ νομήν B^{Mai}.

הַשֵּׁדוּד ἀπατηθῇς = הִשָּׁאֶה (Hitzig) | א^{tost} ջրբմտաբ, 15ᵇ א^{rand} ջրբմտաբ: nach meinen sammlungen ist ջրբմտիլ πληροφορία πλήρωμα πλησμονή, ջրբմտիլ ἰταμία und ջրբմտք ἀναιδής | κοιλίας ist durch רְבַץ veranlaſst. מִרְבָּץ = מרבץ marbíṣ, مربض marbaṣ = ܡܪܒܥܐ γαστήρ μήτρα oder (Geopon 16, 15) ἐντεριώνη.

ἀσθενήσουσιν schr ὀλισθήσουσιν = יִכָּשְׁלוּ. das letzte σ 16ᵇ von ἀσεβεῖς liefert ο, α von ἀσθενήσουσιν λ.

> 23 | ʽὅτι ὄψεται ABγz, ἵνα μὴ ἴδῃ 161^{rand} aus Σ? 18

תֵּחָד χαῖρε = תֵּחַד. 19ᵃ

21ᵇ == עַל שְׁנֵיהֶם אֶל־תִּתְחַבָּר (Jäger). ἐπιμίγνυσο ח 23 ein späterer für תִּתְעָרָב. vorher ח ἑτέρως.
[22] folgt: 1 λόγον φυλασσόμενος υἱὸς ἀπωλείας ἐκτὸς ἔσται, δεχόμενος δὲ ἐδέξατο αὐτόν. 2 μηδὲν ψεῦδος ἀπὸ γλώσσης βασιλεῖ λεγέσϑω, καὶ οὐδὲν ψεῦδος ἀπὸ γλώσσης αὐτοῦ οὐ μὴ ἐξέλϑη. 3 μάχαιρα γλῶσσα βασιλέως καὶ οὐ σαρκίνη· ὃς δ᾽ ἂν παραδοϑῇ, συντριβήσεται. 4 ἐὰν γὰρ ὀξυνϑῇ ὁ ϑυμὸς αὐτοῦ, σὺν νεύροις ἀνϑρώπους ἀναλίσκει καὶ ὀστᾶ ἀνϑρώπων κατατρώγει καὶ συγκαίει ὥσπερ φλόξ, ὥστε ἄβρωτα εἶναι νεοσσοῖς ἀετῶν. > γ. danach Prov 30, 1-14: ich folge der ordnung des masoretischen textes.
23ᵃ λέγω ΑΒγε אֲנִי, ἐγὼ wahrscheinlich richtig 149 260. Jäger bemerkt, dafs unser ταῦτα δὲ zu dem τάδε des vorhergebenden 30, 1 in beziehung steht, also die ordnung 24, 1-22. 30, 1-14. 22, 23 vom interpreten selbst herrühre. ἐπιγινώσκειν zog Jäger als spätere übersetzung zu וַיֹּכַר ᵇ, mir scheint ταῦτα bis ἐπιγινώσκειν formel des curialstils.
25ᵇ ἀγαϑὴ + γε ᵒᵐⁿ. sehr vielmehr εὐαγγελία.
26ᵇ 26ᵇ 27ᵃ sind vom revisor übersetzt: ὃς δὲ ἀποκρίνεται λόγους ἐνωπίους, ἑτοιμάζει τοὺς αὐτοὺς λόγους ἐν ὑπαίϑρῳ steht in 23 149 260 nach unserm ἀγαϑούς, für das ΑC 252 σοφούς, 23 ὀρϑοὺς hat: 161 ʳᵃⁿᵈ λόγους σοφοὺς ἁγίους.
27 לֵךְ אַחֲרֵי καὶ πορεύου κατόπισϑέν μου == לֵךְ אַחֲרַי (Jäger).
28ᵇ פָּרָה nahm der Grieche == ܦܬܐ ἐπλάτυνε Reliqq 20, 24 vgl ܡܒܣܡ ܠܗܘܢ πλατύστομος Geop 87, 18.
31 der Grieche las בְּעֶשֶׂב כְּמוֹ für עֶשֶׂב, denn ܠܡ von der erde τραχύς Geop 89, 13 | ܣܘܡ λάϑυρος [Niclas zu Geop I p 247] Geop 18, 6 ὄροβος 116, 9. des Syrers ܐܒܩ hat IDMichaelis a v längst in ܐܒܛ geändert und ܐܒܕ verglichen, was den unwissenden SLee ¹) nicht hinderte den text Walton's zu geben. da nun ὑλομανεῖν der technische ausdruck für ins kraut schiefsen ist, während χορτομανεῖν nicht nur nicht gesagt wurde, sondern im tadelnden sinne nicht einmal gesagt werden konnte, da χόρτος etwas ganz

---

¹) es ist sitte Lee's abdruck der syrischen bibel einen nach hdss berichtigten zu nennen. es wäre wünschenswerth diese behauptung einmal bewiesen zu sehn: ich habe nichts von berichtigungen gespürt. Lee's ausgabe ist wie die zu Newcastle 1811 besorgte wiederholung des polyglotten-Arabers nur für den nothwendig, dem Walton's bibel unzugänglich ist.

brauchbares ist, so glaube ich χορτομανήσει in ein von unserem interpreten gebildetes λαθυρομανήσει ändern zu müssen. λα aus χ, θυ aus στ. weiter aber erscheint חֲדָשִׁים noch einmal als חֲדָלִים: Jäger bemerkte wohl, dafs γίνεται ἐκλελειμμένος einem חֲדָלִים entsprechen würde, vermifste aber *filum Ariadnaeum per constructionis errores*, weil er nie einen midrâsch gelesen hatte. sogar Muhammad sagt noch von seinem buch die bisher unverstandnen worte, es sei سبع لغات على offenbart. Clemens 288 [47].

וְאָחֲזָה ὕστερον = וְאַחֲרֵי (Hitzig). 32[a]

לָקַחְתִּי τοῦ ἐκλέξασθαι = לָקַחַת (Jäger), aber mit Grabe 32[b] τοῦ ἐκδέξασθαι zu schreiben.

nun folgt in LXX 30, 15-31, 9: ich thue wie oben. 34

25

παιδεῖαι בְּנֵי, richtig παροιμίαι אִין, z lāfst αὗται bis Σολο- 1 μῶντος fort | αἱ ἀδιάκριτοι ABy, κριτοί z, αἱ εὐδιάκριτοι 70, αἱ διάκριτοι 149 260, > 159. nach Jäger = בְּנֵי Iacob 3, 17.

κρύπτει und τιμᾷ ABγz, κρύπτειν und τιμᾶν Grabe. חָקַר 2 las der Grieche דָקַר (Jäger): sonst ist ܩܺܪܺ und nicht ܩܰܪ = ἐτίμησεν | πράγματα Bη, προστάγματα Aκ 70 149 157 161 [rnd] 252 [rnd] 260 295 und von zweiter hand B, πρόσταγμα η [rnd] y 106 253 261, προστάγματα αὐτοῦ 109 297, πρόσταγμα αὐτοῦ z 147 159.

τύπτε ist von Grabe und Jäger beanstandet worden, κρύπτε 4 ῥύπτε ἔκριπτε (dies mit ἀργυρίου) machen ihren erfindern keine ehre. beide männer werden die terminologie der griechischen und hebräischen metallarbeiter wohl ebensowenig gekannt haben, wie ich sie kenne: wenn man so unwissend ist, wie wir in diesem falle sind, bleibt man besser mit seiner armuth zu hause, namentlich da 5[a] הַכֹּל als κτεῖνε wiederkehrt. aus כְּלִי wurde כֻּלּוֹ.

vgl die παραβολὴ Luc 14, 7-11. 7

Σ sprach לְרֹב אֶל־יְהוּדָא (Scharfenberg zu Cappellus 817) und 8[a] verband 7[b] mit 8[a]: ἃ εἶδον οἱ ὀφθαλμοί σου, μὴ ἐξενέγκῃς εἰς πλῆθος ταχύ. in LXX änderte Jäger πρόσπιπτε in πρόπιπτε und verglich Xenophon memor a 2, 22.

die drei letzten worte verbindet der Grieche mit 9[b]: 9[a] fehlt 8 ihm (Jäger).

= כִּי אַחַר אֶל־תְּחוֹל verdient 9[b]
allerdings das von einem hastigen kopisten ihm beigegebne aus-

rufungszeichen. אָחוֹר nach נָפַל כָּד הֵלֶךְ נָד weisen die wörterbücher nach, ebenso הֲזִיל = ܚܝܠ.

10   aus וּדְבָתְךָ wurde noch וּמְרִיבָתְךָ herausgelesen, daher ἡ δὲ μάχη σου καὶ ἡ ἔχθρα σου.

[10]   ἀλλὰ ἔσται σοι ἴση θανάτῳ [ἴσα θανάτῳ 23, ἴση θανάτου y 68 106 161 248]. χάρις καὶ φιλία [καὶ σοφία + 147 159] ἐλευθεροῖ, ἃς τήρησον [στήρισον 157, τηρισον 252, στήριξον z] σεαυτῷ, ἵνα μὴ [μὴ > 23] ἐπονείδιστος γένῃ. ἀλλὰ φύλαξον τὰς ὁδούς σου εὐσυναλλάκτως > hebr.

11   בְּמֶשְׁתֵּה giebt der Syrer ܒܡܫܬܝܐ d h ܒܡܫܬܝܐ: er leitete also das wort von שָׁתָה ab, das entsprechende نَاجُول kenne ich nur aus Freytag = vas vinarium, patera. in ה steht ܡܢܚܬܐ, was Castellus nicht zu ⟋ ܚܒܣ hätte stellen sollen [ܐܣܚܒ] ἀνεκλίθη Geop 110, 26]: ܚܒܣ [= *inq: zu ⟋ קדש] wird Sir 50, 9 mit כּוֹסָא übersetzt, dessen masculinum כּוֹס = ܟܣܐ ist: das aethiopische maqlad λουτήρ κρατήρ ADillmann wb 415. ὁρμίσκῳ wollte Jäger in φορμίσκῳ ändern vgl 26, 19: er citiert Sirach 50, 9 σκεῦος... κεκοσμημένον παντὶ λίθῳ πολυτελεῖ [1]). diese stelle scheint auf unsrer übersetzung der unsrigen zu ruhn, und würde für φορμίσκῳ zeugniss ablegen, aber gegen die schleusnersche emendation des σαρδίου in ἀργυρίου. zum φορμίσκος pafst das μῆλον | דְּבַר דָּבָר εἰπεῖν λόγον = דְּבַר דָּבָר: λαλῶν ῥῆμα 23. danach ist ἐπὶ ἁρμόζουσιν αὐτῷ aus זה [obel] 23 109 147 159 254 297 in den text zu setzen, da אֲבָנִים ἁρμόζουσα 8, 30 diese worte dem alten interpreten sichert.

12ª   ist im hebr ebenso construiert wie 21, 4: δέδεται ist erklärender zusatz des interpreten, wie ὠφελεῖ 13ª.

---

[1]) vgl die prachtvolle schilderung im Maḥzor אביץ כח) מיסח מח ליום כדי und כאה) המחה. mir macht die gleichgultigkeit keinen angenehmen eindruck, mit der die christliche theologie, obwohl sie mit dem Judenchristenthum jetzt so viel zu schaffen hat, die altjüdische litteratur und die von Judenchristen verfertigten bibelübersetzungen vernachlässigt. das unvermögen talmud und midrasch zu verstehn giebt noch lange kein recht sie zu ignorieren. freilich wird, wer in diese massen hineinarbeitet, mindestens ein jahrzehnt hindurch mit der bewältigung des stoffes soviel zu thun haben, dafs ihm alle lust vergehn mufs, das publikum alljährlich mit einem weltbefreienden licht verbreitenden werke zu bestrafen.

בְּיֹכִיחַ λόγος = שָׂרִיחַ (Hitzig, der sich nur auf Iob 7, 13 12ᵇ berufen durfte) | an den edelsteinnamen der alten haben gelehrtere sich zu schanden gearbeitet, ich überlasse also σάρδιον und בָּרֶם anderen und bemerke nur, um weiteren schaden zu verhüten, dafs كميت Chalef 256 Hamâs 562, 1. 645, 14 Tharafa 59 Amrulqais diwan 22, 9 κόμαιδες ist, obwohl die Araber es ein persisches كميته sein lassen (كميني aus הֵא + V מִסְגְ?). also mit בָּרֶם hat es nichts zu schaffen. hebräische lexicographen würden gut thun sich mit dem gedanken an ähnliche entlehnungen vertraut zu machen. ich will nur einige wenige wörter anführen.

שָׁרָד Isaj 44, 13 mit سرد zusammenzustellen möchte noch angehn, da Deutero-Isajas سرسوس = ורד sᵢ Sabbat 20ᵃ [דְּרַק targum Isaj 33, 4 = qruś sᵢᵢ] kennen konnte [Freytag giebt bei ورد das persische ورد an: bei سرد unterläfst er es zum schaden derer, die aus ihm „arabisches" mit hebräischem vergleichen]: das in den ältesten theilen des pentateuch vorkommende שָׂרָד mit jenem שָׂרָד zusammenzubringen, dürfte doch bedenklich sein: ob dies zu ורד zu צִיד hanf Buxtorf 689 1940 gehört, weifs ich nicht.

von Freytag wird II 358ᵃ angemerkt سلام sei persischen ursprungs. dann hätte es mit שָׁמֶן nichts zu thun und die „verwandtschaft" von שָׁרָד und سلام dürfte nicht benutzt werden eine falsche ableitung von שָׁלֵו glaublich zu machen [שָׁלֵו kann schon wegen seines ט nicht zu der wurzel gehören, von welcher שָׁלְוָה = ܫܠܐ = سلو stammt. ܫܠܡܐ nur in ܫܠܡܐ ܗ̇ ἀπαύστως Anal 136, 12 ἀδιαλείπτως]. freilich wird سلام als semitisch angesprochen werden dürfen. auch ⲥⲙⲟⲧⲛⲉ bedeutet wachtel Zoega catalog 451, 28 [persisch und aegyptisch Reliqq graec ix]. zu dem wenigen, was in Movers' untersuchungen über „phoenicische" religion werth hat, gehört der nachweis, dafs der von Polybius erwähnte punische gott Iolaus = יֶאֲבֵל mit אֶשְׁמוּן im wesen identisch ist. nun vgl Athenaeus Θ 47 Εὔδοξος ὁ κνίδιος ἐν πρώτῳ γῆς περιόδου τοὺς Φοίνικας λέγει θύειν τῷ Ἡρακλεῖ ὄρτυγας διὰ τὸ τὸν Ἡρακλέα τὸν Ἀστερίας καὶ Διὸς πορευόμενον εἰς Λιβύην ἀναιρεθῆναι μὲν ὑπὸ Τύφωνος, Ἰολάου δ' αὐτῷ προσενέγκαντος ὄρτυγα καὶ προσαγαγόντος ὀσφρανθέντ' ἀναβιῶναι. die ankunft der zugvögel belebt gleichsam die natur aufs neue. danach dürfte es erlaubt sein سلام als das dem götterarzt Eschmûn geweihte thier zu denken. die Araber kennen dessen cultus nicht, und haben daher auch ثمان‎ unverstanden und darum ohne lautverschiebung (ثمان‎ acht) herübergenommen.

13ª   בְּצֵאת ὥσπερ ἔξοδος = בְּצֵאת (Harenberg mus bremense II 38 bei Jäger) | בְּהֵם κατὰ καῦμα = בְּהֵם (Jäger).

14ª   der Grieche nahm אֵין als praedikat für die drei vorhergehenden substantiva, ἐπιφανέστατα [-οι Ayz] änderte Jäger richtig gegen AByzשְׁחֹה in ἐπιτφαλέστατα.

14ᵇ   ὁ καυχώμενος B als dem singular מִתְהַלֵּל entsprechende revision mit οἱ καυχώμενοι Ayzשֶׁהֵם 23ᵃᵃ zu vertauschen.

15ª   wegen εὐοδία = צָדֵק beruft sich Jäger auf den aramäischen gebrauch von צדק bei Buxtorf 1868, vgl 24, 28ᵇ. er verweist auf στενοχωρία und 4, 12 Gen 9, 27; da der schmerzen im leben mehr ist als der freuden, ist der gegensatz פַּח צַד كُسَّ ضاق [עֶצֶב bei Amos syriasmus ¹)] weit häufiger | βασιλεύσιν AByz, βασιλέως ein unwissender pedant nach קֶדֶם zN 109 147 157.

18ª   בְּצַד ist falsch punktiert: ῥόπαλον [danach + καὶ ῥαβδόν 261 = καὶ ῥάβδον] setzt das richtige בְּצֵד voraus. vgl zu 19. das ܨܡܕܐ des Syrers zwingt uns im Chaldäer צְדָא für פְּרָא herzustellen: vgl فَخِدُ ضَرَخَ. nach Dathe's öfters angeführter abhandlung ist es nicht schwer solche änderungen zu machen, welche ich daher auch für gewöhnlich den liebhabern bunten drucks und billiger gelehrsamkeit überlasse. das allerdings mit צַד verwandte נֶפֶשׁ = نفس lautet im aramäischen ܢܦܫ: انفس und أنا decken sich vollständig. צַד des talmud ist aus dem hebr entlehnt [doch vgl auch ܢܦܫ Ioh Ephes 15, 18 = نفس], wie umgekehrt הֹפִיעַ aus dem niedersemitischen stammt. denn dies wort halte ich für einen metaplasmus von ° ضأ IV, also = הָפִיעַ اقأص. die wenigen stellen, in denen הֹפִיעַ vorkommt, scheinen mir von Deut 33, 2 abhängig, und der verhältnissmässig alte segen des Moses ist sicher in dem zu aramaismen alle gelegenheit bietenden nördlichen reiche geschrieben. das eigentlich zu הֹפִיעַ *er streute aus*

---

¹) die Hebräer sagen בצע, und nicht בצע, weil sie das wort mit בצע zur alliterierenden formel zu verbinden pflegten und um des guten nicht zu viel zu thun, die assonanz im stabreime vermieden. nur der Araber spricht *falfala*, der Hebräer *fifel*, der Syrer *falfel* (wie der Kopte ϣⲟⲥⲣⲟⲥⲣ ϣⲟⲥⲣⲟⲥⲣ): ja man umgieng sogar noch ausdrucklicher durch erweichung (wie in בבב) den anschein mechanischer bildung.

gehörige objekt (*seine strahlen*) ist, wie so sehr oft im alten semitismus, ausgelassen | ἀκίδωτον Byאר, ἀκηλίδωτον Azה 109 ˜˜.

> 106 261 | * ὁδὸς Bאיז, richtig ὁδοὺς Aרy 161 rand | קָהֵר 19 κακου = קֶהֶר (Jäger). in ? sprich *warigta mutagdwisi* für *waragulv mutagdwisu* | בְּבָהָר מְקָרָר fehlt dem Griechen, er verbindet רֶגֶל בְּנִי zu πεῦς παρανόμου (Jäger). Hitzig hat wenigstens die ähnlichkeit von 19ᵇ und 20ᵃ bemerkt. für בְּבָהָר ist בְּהִבָּט = חֻבֻּט zu schreiben. dies בְּהִבָּט ist eine in den text gekommene glosse zu חֲרָץ 18ᵃ: *muchbith* übersetzt Castellus geradezu *malleus*. מִיַּד בְּנֵי בָרָם צִיַּה wurde aus versehn wiederholt und (da man den fehler nicht erkannte) mit verschiedner punktation versehn, als hätte man verschiedne sätze vor sich: צ in ק zu ändern verschlug nichts | ἐλεῖται *ieiunum obtinet locum ieiunioris ἔτται quod supplebat* (Jäger).

die ersten vier worte fehlen dem Griechen; nach ה stammt 20ᵃ περιαιρῶν ἱμάτιον ἐν ἡμέρᾳ ψύχους aus ᾽Aκ∑Θ: so 23ᵒᵇᵉˡ 149 253 260, οὕτως ὁ περιελὼν ἱμάτιον ἐν ἡμέρᾳ ψύχους 147 159 254 | für בָּקַר der Grieche ἕλκει (über ἕλκος DWTriller in Bernard's Thomas 295, vgl Ammonius 48): ASchultens hat nicht verfehlt ein mir unbekanntes نتر *confossio altius adacta* beizubringen. erweislich ist בָּקַר = νίτρον. der borax (בֹּרִית, persisch بور, daher arab بورق: ܦܘܪܩܐ ܒܘܪܩܐ ܦܘܪܩܐ) kommt in Armenien und Tibet vor (تنكار ταγγάρος meine Reliqq gr is ADillmanns wbch 564). wenn ich den Avicenna I 141 recht verstehe, diente er mit essig als arznei: ينفع من الحلة بتحليله الحلد = خصوصا الافريقي وبالخل *confert pruritui, quod resolvit virus, et proprie africanum* [ܦܘܪܩܐ] *cum aceto* [alte übersetzung II 2, 87]. nitrum ist البوري الارمني derselbe I 216. da den borax schon die alten brauchten um die metalle löthbar zu machen, konnte er bekannt genug sein. da nun der essig zum stillen des blutes verwandt wird [ἕλκος τραῦμα νεότρωτον Hippocr, s Triller], da er alte wunden allerdings reizt, aber reinigt, so konnte er nicht ἕλκει ἀσύμφορον genannt werden. ich ändre daher ἕλκει in βώρακι, nur βω ist verschwunden, denn PAKEI und EAKEI sind fast identisch. der בָּקַר reagiert gegen den ihm auf den leib gegossnen essig. über νίτρον Geopon β 33, 1 und BLangkavel in der berliner zeitschrift für gymnasialwesen 1862 s 884.

wir hätten dann hier die erste erwähnung des βῶραξ in griechischer schrift. ἀσύμφορον ist (wie 19 ἐλεῖται, 12 δέδεται u dgl m) eine ergänzung des übersetzers. dafs beim Syrer ܠܒܪܐ in ܠܒܐ umzuändern ist, lehrt ein blick auf den (s Dathe) aus dem Syrer abschreibenden Chaldäer. vgl noch Hāfis in den rubāijjāt: فگرت که بجان من درویش آمد گوئی که ملح بر جگر ریش آمد, die trennung, die an meine arme seele kam, du sagst, dafs sie wie salz auf wunde leber kam.

20ᵇ   aus וְשֵׁר בְּשָׁרִים wurde וְשֵׁר בַּשָּׁרִים (Jäger).
[20]   ὥσπερ σὴς ἐν ἱματίῳ καὶ σκώληξ ξύλῳ, οὕτως λύπη ἀνδρὸς βλάπτει καρδίαν > hebr.
21ᵃ   ψώμιζε αὐτὸν B, τρέφε αὐτὸν ἄρτῳ ein revisor 23, τρέφε αὐτόν daraus verstümmelt Ayz 68ᵐᵍ.
22ᵃ   πυρὸς > A in folge einer revision?
22ᵇ   ἀνταποδώσει [ἀνταποδειδώσει A] σοι ἀγαθά AB, ἀνταποδώσει σοι 23, ἔσται ἐπὶ πατῶν ὁδῶν σου 149 260.
26   der vers, einer der tiefsinnigsten des ganzen buches, redet nicht vom unfall, sondern vom falle des gerechten, dessen sünde die heilige sache kompromittiert, welcher er dient: er macht sich selbst unmöglich seiner umgebung segen mitzutheilen. Reg β 12, 14ᵃ.
27ᵇ   = יִתְחַקֵּק בְּבֹר בְּלִים כָּבֵד : über הַלֹּקֵחַ (Jäger) s zu 2.
28ᵇ   für מִצְוֵה der Grieche מִלְחָמָה (Jäger).

26

3ᵇ   לִפְנֵי ἔθνει = לִגּוֹי (Jäger, der auf Corte zu Sallust Catil 20 und BMartinius var lect I 13 verweist): vgl zu 19, 29ᵇ.
6   ὁδῶν ABy zנ, richtig ποδῶν ת 106 252 253 261 | ποιεῖται ABy z, richtig πίεται Grabe.
7   σκελῶν ABy z, χωλῶν + Grabe, sehr κυλλῶν | παρανομίαν ABZ, παροιμίας yא 68 248, richtig παροιμίαν zת 253 Grabe.
8ᵃ   die ostaramäische form von צְהַר ܨܗܪ ist als ծրրր in das armenische aufgenommen. denn ܝ ܘ entspricht in den zu den Armeniern verschleppten wörtern ծ, vgl ծոպ ܨܒܬ, ծնթպ ܨܥܢ, vgl ܨܬܪܐ Θύμβρα Geop 98²⁰ Θύμος 103²² (dazu satureia). dies ist so stehend, dafs ich צֶמֶד צְמָדִים dreist aus ծուր erläutern würde, mit dem ծուծլ urgeschichte 465 nicht verwandt ist. man wird niemals ܘ und ծ einander entsprechend finden, da das armenische seine semitischen lehnwörter aus dem aramäischen bezog

und dies für ص ܘ sprach. ich will nur neues anführen: ܟܚܬ݂ܐ݂ getraide auf dem speicher Geop 10, 9. 10 == צֶמֶר: zu ضمر vgl ضبارة '): ܚܣܝܬ݀ == ضاجور: ܚܪܛܐ [πτελέα ἰτέα?] Geop 14 ^{30} 17^{15} 19^{27} gehört sicher mit ضرف zusammen, wie ܚܣܡܪ mit ضمر II. aus ܚܡܬ݂ == ܨܡܬ݂ erschliefse ich ein ضمر, wie mir ܚܣܡܪ und ܡܢܬ݂ܪܨ ein unumstöfslicher beweis dafür sind, dafs ضبرف صراق eigentlich mit ص geschrieben werden müssen. ܣܘ 1 sind weit unsicherere buchstaben, darum stehe ich nicht an, אֱרִנִי mit ܠܩܐܣ Συλάκιον Tobit 9, 5 zusammen zu stellen: dafs das phrygische riscus durch umsetzung daher entstanden, ist seit Bochart bekannt; μάρσιπος habe ich oben viii aus עֲרָדִי zu erklären vergessen: μάρσικος wurde für ionisch gehalten und deshalb κ mit π vertauscht.

ܠܐ ܡܢܣܡܒ܀ würde im syrischen wohl nicht gesagt werden: 10^a ich mufs dennoch syrische buchstaben nehmen, weil ich ܡ von מְהִלֵּל zu erhalten wünsche und man im chaldäischen נְהִשְׁלִיל braucht Buxtorf 1330. zu 23, 34^b. redensarten wie רַב הַבִּינָה dienten dem interpreten als vorbild: er übersetzt frei πολλὰ χειμάζεται.

ἔστιν αἰσχύνη ἐπάγουσα ἁμαρτίαν, καὶ ἔστιν αἰσχύνη[11] δόξα καὶ χάρις > hebr y. aus Sirach 4, 21 (Jäger).

רָאִיתִי εἶδον == רָאִיתִי (Jäger). 12^a

שְׁבָה ἀποστελλόμενος == שְׁלֻחַ (Jäger) | ἐν δὲ ταῖς πλα- 13^a τείαις φονευταί zusatz aus 22, 13 (Jäger): der ganze vers > 297. Odyssee 20, 25-28. 14

πλησμονὴ könnte שָׂבְעָה (Jäger) geben, auch שִׂמְחָה: die 16 construction? בְּשׂ ἀγγελία vgl Ionas 3, 7 und das chaldäische.

בְּאָזְנֵי κέρκου == בְּוְנֵב (Jäger). 17^a

ἰώμενοι ΑBγ, ἱέμενοι 7, δεόμενοι 149 260, πειρώμενοι אחz 18 23 109 147 157 159.

ὁραθῶσι [+ ν B] Bz, ὀφθῶσιν 23, φωραθῶσι [+ ν A] 19 Ay 48 69 248 260 261, φοραθῶσι 106 254.

---

^{1}) עברי nur Iosue 5, 11. 12 vorkommend und von Qimchi richtig erklärt, ist ein offenbarer syriasmus, wie ich deren in diesem heft mehrere nachweise. dafs solche fremdwörter nicht mehr als das was sie sind, erkannt werden, beweist nichts gegen die entlehnung. fühlen wir in *sopha* صفة oder in *meerschaum* مرجان? Garibaldi und Napoleon würden sehr staunen, wenn man ihnen sagte, dafs sie Deutsche namen tragen, und dafs America von Amerigo = Aimery genannt ein Deutsches wort ist.

20ᵃ θάλλει πῦρ vgl φλὸξ ἐμαράνθη Ilias 9, 212 (Jäger).
23   בֹּל בְּעֵצָה הֲגִיתָעֹן ὥσπερ, als hätte er ب موصوف gelesen |
     קְדָשִׁים λεῖα [δόλια 109 147 157] = הַקְּדָשִׁים (Jäger).

27
9ᵇ   für רָמָה רֵיקָם יְרִיעֹת der Grieche וִירִיעֹת קָמָה (Jäger).
11   für σου εὐφραίνηται sehr εὐφραινηταί μου y 23ᵐʷ | ᵇ =
     וְיְהִשְׁוִיבָה הֵידָד דָבָר (vgl Jäger).
13ᵃ וְדִי דָם עָרֵב παρῆλθε ... ὑβριστής = וְדִי דָבָר עָרֵב (Jäger).
15   es thut mir leid, nicht den guten glauben an mein wissen
und können zu besitzen, welchen die bisherigen ausleger unsres
verses sich selbst zugewendet haben. דֶּלֶף und כָּנְרִיר sind mir
unverständlich: die angeblich entsprechenden syrischen wörter
müfste ich erst in den texten nachzuweisen bitten. mein unglück
will weiter, dafs ich ܛܪܕ ܠܗ gut genug kenne, um *die treibende
= stete traufe* sehr komisch zu finden. z b ܠܗ Euseb θεοφ
α 1ᵉⁿᵈᵉ ε 9, 7 Athan ܒ 4 ܠ 6. 27, 25. 44, 25 Geop 99, 24.
100, 7. dafs der targum נִשְׁתֵּיה mit *quae rixatur* übersetzt, haben
die gelehrten leute aus der lat übersetzung bei Walton. schade
nur, dafs Dathe (dessen abhandlung sie ja sonst ausschreiben) auf
das verhältniss des targums der Proverbien zur syrischen version
aufmerksam gemacht hat; schade, dafs ich noch so dreist bin,
ܐܢܬܬܐ ܗܝ ܕܡܨܠܐ und הָכְנָא אִתְתָא דְמָצְיָא gleichzusetzen
und תִגְרָיָא vorläufig für eine glosse zu דְגָרָיָא zu halten. eine
vergleichung der hdss wird das nähere ergeben: wer freilich dulden kann, dafs die recognitionen in einem nicht auf den hdss
beruhenden drucke des XIX jahrhunderts untersucht werden, hat
solche umwege nicht nöthig, auf denen ich, mir nicht zum schaden, meine jugend hingebracht habe. בֵּית־רִי ist mit ἐκβάλλουσιν
richtig übersetzt; dann kann דֶּלֶף nicht σταγόνες bedeuten, da es
im hause keine tropfen giebt. ἐκ τοῦ ἰδίου οἴκου in ᵇ mufs wohl
mit Jäger gestrichen werden. dafs ܐܫܘܝ und ܐܫܘܝ gleichbedeutend sind, war mir lieb von Deutschen gelehrten lernen zu
können: die Syrer selbst haben die beiden formen sonderbarer
weise für verschieden gehalten. ܐܫܘܝ ὑπέστρωσεν Ath 15, 17:
ἐπελέανε Geop 9, 20: ܐܫܕ ܡܠܟ ܣܡ ܡܫܩܠ ὑποστρωννῦσιν
αὐτοῖς 23, 23: ܘܐܫ λειωτέον 80, 18: ܐܫܘܝ ἐστρώθη Clem
132, 21. ܐܫܘܝ meist ἡξίωθη, Reliqq 71¹⁵ 72²³ 77¹ 80¹ ἔτυχε:
ܐܫܘܝ [formell = تسوية von سوى II] στρωμνή Atban ܒ 13.

das entsprechende سوى wird man auch gut thun mit dem syrischen zusammen zu halten, z b Didasc 3, 27 mit Wâqidi 16.

aus בְּפָנָיו wurde בְּפָנַי, ᵇ = יָבִיא יְבָנָיו שָׁמֵהוּ (Jäger). in 16 יִקְרָא ist dann das masculinum בְּפַנַי subjekt, שָׁמֵהוּ = ismahu. das praedikat von ᵃ wird aus רוּחַ mit dem status constructus eines adjectivs davor bestanden haben, wie خير الانبياء. vgl übrigens Aristot meteor β 6 und [Apuleius, s FAdam] περὶ κόσμου 4. Plutarch Isis 32 Αἰγύπτιοι εἶνται τὰ μὲν ἑῷα τοῦ κόσμου πρόσωπον εἶναι, τὰ δὲ πρὸς βορρᾶν δεξιά, τὰ δὲ πρὸς νότον ἀριστερά. umgekehrt שְׂמֹאלָא شمال links norden, so dafs hier deutlich die palaestinensische vorstellung in eine aegyptische umgewandelt ist: отимам отнам ιωηαμ könnten sogar mit יָמִין zusammenhängen, wie Τύφων [= θάλαττα Plutarch s o] mit طوفان und so mit צָפוֹן, oben 70: Θύφων duiften die Griechen nicht schreiben, vgl θρὶξ τριχός. über ἐπιδέξιος Lobeck zu Phrynichus 259. 760.

בֹּצֵר ὃς φυτεύει = نصب. 18

בְּעָרִים nach Jäger בְּעָרִין gelesen: allein בְּעָר ist ein archaistisches, 19ᵃ nur mit בְּ vorkommendes wort, dessen bedeutung noch dazu nicht pafst. בְּבֹר (Vogel)?

βδέλυγμα κυρίῳ στηρίζων ὀφθαλμόν, καὶ οἱ ἀπαίδευτοι[20] ἀκρατεῖς γλώσσῃ > hebr. es ist arg, in ה سلم؟ nicht bessern zu können, schr للم؟: vgl oben vii. سم Geop 10, 25. 77, 25 الم 46, 13. 82, 1. 5 o سم 77, 19 Ath صص 7. II Tit Bostr 135, 31.

בְּהִתְהַלְלוּ ἐγκωμιαζόντων αὐτόν = מְהַלְלוֹ (Vogel). 21ᵇ καρδία ἀνόμου ἐκζητεῖ κακά, καρδία δὲ εὐθὺς [so] ζητεῖ[21] γνῶσιν > hebr y.

חָרִישׁ und כָּלִי sind in den dialekten nicht vorhanden, unser 22 interpret scheint für das erste הָרֵישׁ gelesen zu haben (Jäger). machte er בְּמִכְפָּתוֹ zu صنفت? die Araber unterscheiden maknas und miknasaf. בְּבֶלִי > griech.

פָּנֵי ψυχὰς nicht etwa = נֶפֶשׁ, sondern (Jäger) ψυχῇ dient 23ᵃ dem Griechen, wie uns haupt zum zählen.

28

רַבִּים κρίσεις = רִיבִים (Jäger) | יַאֲרִיךְ κατασβέσει = 2 יִדְעַךְ: die verwechslung ist nur in der althebräischen schrift möglich. Jäger verweist auf 15, 18.

3ᵃ   == שֶׁקֶט דָּלִים רָשָׁע גְּבוּר (גְּבוּר Hitzig, רָשָׁע Jäger).
3ᵇ   לָחֶם וְאֵין καὶ ἀνωφελής. denn ܘܠܐ ܡܥܕܪ συμφέρων Reliqq 19, 14 vgl Athan ܠܐ 24. 14, 25.
4ᵃ   רָשָׁע ἀσέβειαν == רֶשַׁע (Jäger).
4ᵇ   בָּם יִתְגָּרוּ περιβάλλουσιν ἑαυτοῖς τεῖχος == בָּם יִתְגָּרוּ. an גדר dachte Jäger, vgl اجنذار extrus it parietes.
7ᵇ   כְּלִיל ἀσωτίαν == ܟܠܗ, vgl zu 23, 21.
10ᵇ   echt οἱ δὲ ἄμωμοι διελεύνται ἀγαθά 23 106 147 254 261, doch hat nur 254 δὲ, 147 254 ἄμεμπτοι. daraus wurde οἱ δὲ ἄνομοι διελεύσονται ἀγαθά ABγz, welchen satz jene fünf auf ihren echten text folgen lassen! ein drittes verderbniss derselben worte καὶ οὐκ εἰσελεύσονται εἰς αὐτά scheinen alle zeugen zu ende des verses zu haben.
12ᵇ   רְשָׁעִים ἐν δὲ τόποις == בִּמְקֹם | יִשָּׁפֵט ἁλίσκονται == יֵחָפֵשׂ (Jäger).
13ᵇ   וְתוֹכַחַת ἐλέγχους ABz, καὶ ἐλέγχων γ⁽ᵏᵗ⁾. sehr καὶ ἐλλείπων.
15   לֵב konnte durch λύκος nur nach ܕܐܒ übersetzt werden, dem זְאֵב entspricht. פְּתַיִם רָשָׁע πτωχὸς ὤν == רָשׁ (Jäger).
16   תְּבוּאוֹת προσόδων == תְּבוּאָה (Tromm). Sueton Calig 38 exhaustus atque egens ad rapinas convertit animum vario et exquisitissimo calumniarum auctionum et vectigalium genere (Jäger).
17   für דָּרְבָּן der Gr ὁ ἐγγυώμενος == עָרֵב: das suffix nimmt das absolut vorausgestellte בְּנִי אָדָם auf. da solche construction im dritten jahrhundert nicht mehr im gebrauch war, aufserdem aber דָּרְבָּן keinen erträglichen sinn giebt, so halte ich die von dem Griechen ausgedrückte lesart für ursprünglich.
[17] παίδευε υἱόν, καὶ ἀναπαύσει σε καὶ δώσει κόσμον τῇ σῇ ψυχῇ· οὐ μὴ ὑπακούσει [== ὑπακούσῃ] ἔθνει παρανόμῳ == 29, 17. 18ᵃ (Drusius animadv II 32 bei Jäger). ἀναπαύσει Jäger 23 161ʳᵃⁿᵈ 297, ἀγαπήσει ABγz וְיֶאֱהָב. von „18ᵃ" finde ich nur בְּנִי wieder. in 23 folgt noch 24, 13.
18   nach βοηθήσεται + 161ʳᵃⁿᵈ τραχείας, während 252ʳᵃⁿᵈ τραχείαις ὁδοῖς zu σκολιαῖς ὁδοῖς beischreibt. ich schliefse aus diesen glossen, dafs ὁδοῖς nicht echt und mit τραχίαις zu vertauschen ist. nach ἐμπλακήσεται + εἰς κακά 254 297. dafs בְּאֶחָד aus בְּשַׁחַת verderbt ist, scheint mir so auf der hand zu liegen, dafs ich mich wundre diese conjectur nirgends finden zu können: Vogel liefs den Syrer mit ܒܫܚܘܬܐ בְּשַׁחוֹת voraussetzen.

die übersetzung ist spurlos untergegangen, da die schreiber 20ᵇ
11, 21. 19, 5. 9 im kopfe hatten.

דָּכָר ἐλεήμων = חָכָר (Vogel). 22ᵇ

בְּאֵרְהוּ für אֲהֵרִי? ᵇ Ἀκ παρὰ λειοῦντα γλῶσσαν = ܡܠܐ 23
ܣܠܝܐ ;ܪܡܣܐ oܗ ܡܢ ܚ ʳᵃⁿᵈ: da soll ein zeitwort ܣܢܐ vor-
kommen! was Castellus zu √ ܣܢܐ stellt, streiche bis auf ܣܢܐ
= ܠܗܐ *pastinake*: ܣܢܝܕ ist particip IV, ܣܢܝܐܣ dsgl II von
√ ܣܠܐ χρίειν ἐπιχρίειν πωμάζειν περιπλάττειν Geopon 23, 16.
24, 20. 25, 2. 84, 11. 87, 10. 98, 24.

ἄπιστος B, ἄπληστος richtig Aאִתְיֶז 23ᵐʷ | κρίνει [κρινεῖ] 25ᵃ
εἰκῇ sehr mit אּ ἐγείρει νείκος: νικος 23, ܠܩܘܒ܂ in ה scheint
auf einer verwechslung von νεῖκος und νίκη zu beruhen. 29, 22
ist das richtige in Bz erhalten.

בְּמָקוֹם ἐν τόποις = בָּקְלָה. 28ᵃ

29

מְקֹשֵׁה (Jäger), vgl zu 13, 12 | יָצָב φλεγομένου αὐτοῦ 1
= יָצָרָה (Jäger).

בְּרָבֹת ἐγκωμιαζομένων = בְּבִרְכֹת (Jäger), obwohl hebr 2ᵃ
בְּהִבָּרֵךְ zu sagen gewesen wäre.

תַּרְבִּית las der Grieche תַּרְבִּית. an √ רבה dachte Jäger. 4ᵇ

glänzend ist Jäger's besserung ὃς ἀρεσκεύεται ἐπὶ [κατὰ 23 5
253] πρόσωπον τοῦ ἑαυτοῦ φίλου, δίκτυον περιβάλλει αὐτὸς
τοῖς ἑαυτοῦ ποσίν. er verweist auf Zeune zu Xenoph oec 5, 19.

רַב für רָךְ (Jäger). 6ᵃ

doppelt (Jäger), beide versionen vom ersten übersetzer, dessen 7ᵇ
art nicht zu verkennen ist. aus רָשׁ machte er das eine mal שַׁר
(nicht *scribendi error* nach Jäger).

für ἄνομοι sehr aus Ay 23ᵐʷ λοιμοί, vgl die concordanz. 8ᵃ

אִישׁ אֶרְיֵאל konnte ἔθνη nur von jemand übersetzt werden, 9ᵃ
der neuere wiederholungen des Exod 2, 11. 12 erzählten vor-
ganges vor augen hatte.

da passive formen von √ שׂחק nicht vorhanden sind, glaube 9ᵇ
ich dem interpreten לִפְנֵי שְׂחוֹק unterschieben zu müssen.

μέτοχοι > 23 106 261, es stammt aus 1, 18. 10ᵃ

יְשַׁבְבְנָה ταμιεύεται = יַהְבְבֶנָה. 11ᵇ

unter שַׁךְ versteht der Grieche רֹאשׁ und nimmt dies für κε- 13ᵃ
φάλαιον *kapital*, daher δανειστοῦ. bei הַכָּבִים אִישׁ denkt er an
τόκος, daher χρεωφειλέτου.

14ᵇ   לְבַד εἰς μαρτύριον = לְבַד 12, 19 (Jäger).
16ᵇ   יְרֵא καταφέρει γίνονται, also von יְרֵא abgeleitet (Jäger).
17   > 297, zu 28, [17]: hier hat 254 das dumme ἀγαπήσει, ich glaube nicht, dafs der vers hier hergehört.
18   הָיָה [von I—] = ἐξηγητής?
21   יִהְיֶה עֶבֶד δοῦλος ἔσται = יִהְיֶה עֶבֶד (Jäger) | יָגוֹן ὀδυνηθήσεται = בְּיָגוֹן (Jäger).
22   ἐγείρει Bz, ὀρύσσει Ay חרה 106 ᵐᵍ, ἐξορύσσει 296 | vor ᵇ +
23   ח ᵘᵇᵉˡ ἐπιεικής ἐκοίμισεν [εκοιμησεν 23] ἀμαρτίας | ἐξώ-
      ρυξεν AByzא, ἐτύρευσεν Jäger. sehr ἐξερεύξεται, dessen ται
      aus ναμ leicht zu beschaffen ist, wie das το meines κατωρύχή-
      σατο 11, 10 aus dem folgenden πο. möglich sogar, dafs bei רב
      an נבד gedacht wurde. wie oft sagt der midrasch אֲדֹנָי־יְהֹוִה
      אָנֹכִי . . .: was man in Palaestina und Babylon gethan, wird man
      in Aegypten nicht unterlassen haben.
25   doppelt da (Hitzig): beide übersetzungen vom ersten inter-
      preten, der 25ᵃ einmal mit 24ᵇ verbunden hatte und dann den
      ganzen vers noch einmal übertrug. in אָדָם הֶהָדוּר sah der mann
      menschenfurcht (gegensatz Θεοσέβεια: vgl zu 7, 2) und nahm
      diese für ἀσέβεια.
27   der vers scheint mir sehr verderbt; ich glaube βδέλυγμα
      δικαίων [kaum δικαίοις] ἀνήρ ἄδικος [ἀδίκων?] für den echten
      text halten zu dürfen. in ᵇ nehme ich aus 23 ὁδούς für ὁδός auf:
      der übergang zu der im griechischen text folgenden lobrede auf
      das weib wurde dadurch gemacht, dafs man יָשָׁר als יָשְׁרִי = יָשְׁרִי
      verstand. κατευθύνουσα steht in allen hdss, und bezeugt so, dafs
      die jetzt verbreitete ordnung des griechischen textes auf den über-
      setzer selbst zurückgeht.

30

1   s 24, 22 | ᵃ = קָדַם בְּנֵי תְּנִי דִּבְרֵי (Jäger) | ᵇ לְאִיתִיאֵל
    (nur Einmal gelesen) τοῖς πιστεύουσι θεῷ = אַל . . . . לִי |
    וְאֹבַל καὶ παύ[σ]ομαι = וְאֻכָל (Jäger).
3ᵃ לְמַדְתִּי וְלֹא θεὸς δεδίδαχέ με = לְבַדִּי וְאֵל (Jäger).
4ᵃ בְּחָפְנָיו ἐν κόλπῳ = בְּחָבְנוּ (vgl Jäger).
9   יְהוָה με ὁρᾷ = יְהוָה Sirach 23, 18 (Jäger).
12ᵇ der Grieche hat bei צֹאָה allerdings an יָצָא gedacht: da aber
    ῥυπαρός von צֹאָה ebensowenig getrennt werden kann, als

ܠ von נָצָא, muſs ich den neuen lexicographen zum trotz die wörter für völlig unverwandt halten.

s 24, 34. ܣܛܪܦܣ στρόφος Geop 104, 1. הֵן הֵן ἀγαπή- 15
σει ἀγαπώμεναι setzt formen von ܣܛܪܦ voraus, wegen ἀγάπησις
Hemsterhuys zu Thomas 127 Koen zu Gregor 20 (Jäger).

בְּיַלְדָה ἐν νεότητι = בִּיְלָדָיו? 19
πρῴξ änderte PWesseling observv 151 [von Jäger citiert] 20
zweifelnd in τρώξῃ, verwies aber selbst auf das plautinische
facere. Jäger citiert Burmann zu Petron 9. ἀπονιψαμένη; vgl
nicht Constitutt 194, 20, sondern Pseudo-Lucian λη 39. 42.

nur 23 106 haben die ordnung der Masoreten, die andern 22
stellen die שְׁפָחָה vor die שְׁנִיָּא. diese שְׁנִיָּא kehrt Sirach 7,
26ᵇ als μισουμένη wieder und ist mit der zu 12, 13ᵇ besproch-
nen צָרָה identisch.

31

= חֲבָרֵי לְמוּ אֶל בִּישָׁא מַלְכָּא (Jäger). 1ˢ

הַיְלָא σὸν πλοῦτον, ܘܪܚܡܬܐ ܘܗܘ ܡܠܒܐ ܚܫܒܐ Didasc 3
42, 14 | בְּנֵיהֵי בְּלִבְּכִין εἰς ὑπερβουλίαν = בְּלִבְּכִין לִמְנַחֲמִים: Dru-
sius [fragm, von Jäger citiert] war auf dem richtigen wege, sein
„נחמות" würde tröstungen bedeuten. כ macht בֵּהֶם aus לָמוּ.

aus dem בְּלִבִּים sind beim Griechen wieder zweimal בְּלִבִּים 4
βουλαί geworden. in לְבִישָׁא muſs das aequivalent von ποιεῖ
stecken; dachte man an einen aramaisierenden infinitiv von דליאל?

λόγῳ θεοῦ sehr μεγιλάλῳ, was ich gefunden, ehe es mir 8
die concordanz als übersetzung von אֵל nachwies. de NT...
edendo 16. כ las in LXX λόγῳ ἀληθεῖ, was zeigt, wie sich
μεγιλάλῳ zuerst verderbt hat [αλϑ aus λαλω], ehe es zu λόγῳ
θεοῦ entartete | בְּנֵי הֲדָד wurde dem Griechen zu einer mit
ܪܚܡܬܐ gleichbedeutenden form.

s 29, 27. 10
in יֶהְפַּךְ ist dem Griechen כַּלָּל subjekt (Jäger) | streiche 11ᵇ
καλῶν vgl zu 2, 11. 23 252 lassen das wort weg.

דְּלֹא רָע > B, καὶ οὐ κακόν y 68ᵐᵍ, καὶ οὐκ εἰς κακόν 254. 12
הִקְרְשָׁה μηρυομένη = שָׂרְדָה, zu 25, 12ᵇ. εὑραμένη 23 ה. 13ˢ
μακρόθεν liefse sich zu ᵇ ziehn, wenn wir δέ nach συνάγει 14
mit 23 ᵐᵍ streichen. lassen wir es stehn, so gliche die construction der zu 18, 19ˢ angegebnen.

בַּבְּשׂוֹרָה ἐπὶ τὰ συμφέροντα = בַּבְּשׂוֹרָה. 19

21 für χρονίζῃ schrieben Cotelier und Grabe χιονίζῃ: recht schlecht, da mindestens χιονίζηται erfordert würde und der satz immer noch unsinnig wäre. erträglicher wird er, wenn man mit Jäger ὁ ἀνὴρ αὐτῆς streicht, *ingestum ad iuuandam lectionem vitiosam* χρονίζῃ, *quod peregrinatio maritum potius deceret quam uxorem.* dann wäre χιονίζῃ unpersönlich, wie Herodot β 22. διστάς rief Grabe richtig aus 22ᵃ an das ende von 21 zurück, so ה: für שְׁבָיִם las der mann שְׁבִי.

24 nach ἀπέδοτο + τοῖς Φοίνιξι z 23 ᵒⁱᵐ Constitt ה ᵘᵇᵉˡ: פ + לאהל בסרי, was nicht *incolis Bosra* [= بصرى] bedeuten kann. sehr לאהל מרסى *den leuten des hufens*: die redensart wird zu belegen sein, مرسى ist wie مرساة *anker* im täglichen gebrauch.

25 wenn irgendwo, kann man sich bei 25-27 überzeugen, dafs bei der LXX mit einem bloſsen blättern in alten pergamenten nichts gethan ist. die Constitutionen 10, 22 ᵇ⁶ citieren 25-27 ganz anders als unsre hdss, Clemens weicht 107, 44 ᵇ⁶ ebenfalls ab. dafs 26 so verschieden gestellt wird und in verschiednen übersetzungen vorkommt, beweist ebenso gegen seine ursprünglichkeit wie der umstand, dafs 26ᵇ uns schon bei 3, 16 begegnet ist. Clemens dreht die reihefolge der glieder um und setzt den vers nach 27ᵇ: Δεσμοὶ δὲ ἐλεημοσύνης ἐπὶ τῇ γλώσσῃ αὐτῆς, ἥτις τὸ στόμα αὐτῆς διήνοιξεν σοφῶς καὶ ἐννόμως. die Constitutionen haben nach 25 τὸ στόμα αὐτῆς διήνοιξεν σοφῶς καὶ προσηκόντως, καὶ τάξιν ἐστείλατο τῇ γλώσσῃ αὐτῆς. ebendiese worte (nur meist ohne τὸ und προσεχόντως καὶ ἐννόμως, 23 253 προσεχόντως καὶ σοφῶς, 68 161 248 nur προσεχόντως, 106 ἔθετο für ἐστείλατο) ABγz vor 25. aber die Constitutionen haben fast in demselben athem nach 27 noch eine zweite mit der bei Clemens stehenden fast identische übersetzung τὸ στόμα αὐτῆς ἀνοίξει [διήνοιξεν Eine hds] σοφῶς καὶ ἐννόμως, θεσμοὶ δὲ ἐλεημοσύνης αὐτῆς ἐπὶ τῆς γλώσσης αὐτῆς. und ABγz bringen nach 27 wenigstens 26ᵃ noch einmal τὸ στόμα δὲ ἀνοίγει σοφῶς καὶ νομοθέσμως, welche worte 23 297 nicht haben.

27ᵃ פִּיהָ στεγναί = רְעָצִים: צָפָה = ܠܳܐ, لَظٰى *verschlossen*.

28 ἡ δὲ ἐλεημοσύνη αὐτῆς ist mit 23 wegzulassen, es ist der anfang einer übersetzung von 26ᵇ: die hdss hatten ja nach 27 eine duplette von 26ᵃ gebracht | וַיַּשְׁחִיתָה ἐπλούτησαν = וַיֶּעְשְׁרוּ (Jäger), Clemens 107 ⁴⁵ ἧς τὰ τέκνα ἐμακάρισαν ἀνιστάμενα hat den text aus einem späteren geändert.

κάλλος γυναικὸς = אִשָּׁה יְפֵה setzt sich über den אִשָּׁה יְרֵאַת hinweg. 30
χειλέων AB אֲנִי, χειρῶν richtig הֲיֹ Grabe. 31ᵃ
ὅτι ὁδοὶ ἀνδρὸς πρὸ προσώπου αὐτοῦ περεύ[σ]ονται, καὶ [31]
κατορθώσουσιν αὐτῷ τὸν αἰῶνα τοῦ αἰῶνος [τῶν αἰώνων 254]
+ 23 106 253 254.

    ich hatte die absicht die von unserm Griechen übersetzte hds sowie den archetypus der Masoreten zu beschreiben: allein die untersuchung würde weitläufiger werden als meinem finanzminister lieb sein könnte. ich erwähne also nur noch, dafs 24, 7 - 15 auf der aufsenseite eines heftes gestanden haben müssen: diese war so abgerieben, dafs der übersetzer das auf ihr geschriebne nur kümmerlich erkennen konnte und oft irrte. vor und nach diesem abschnitt geht alles ganz glatt. damit habe ich das maafs gegeben: die urcodices waren nicht stichisch geschrieben. wie lang ungefähr (auch bei sehr grofsem format) eine seite und eine spalte eines altsemitischen manuscripts ist, kann man aus meinen ausgaben der syrischen apocryphen und geoponica, des Clemens und Titus leicht sehn. vgl auch Reliqq syr 124.

    kein mensch weifs besser als ich, wie blutwenig mit dem vorstehenden anmerkungen geleistet ist, wenn sie nicht die veranlassung werden, dafs andre die vor 80 jahren liegen gebliebene arbeit an der LXX mit den jetzigen mitteln und vor allem mit der jetzt in der klassischen philologie geltenden methode wieder aufnehmen. ich will herzlich froh sein, wenn ich der überzeugung bahn schaffen helfe, dafs in der grofsen oxforder ausgabe des griechischen alten testaments genug steht, was sehr werth gekannt zu werden und obwohl gedruckt, so gut wie ungedruckt ist. möchte man sich aufserdem durch mein buch veranlafst finden, die theologische litteratur des vorigen jahrhunderts aus ihrer vergessenheit zu ziehn. mir steht fest, dafs jene verachteten, nur von einzelnen taschenspielern hie und da geplünderten männer durch ihren sich nie genug thuenden wissensdrang wie durch ihre neidlose, vor keinem um- und zu-lernen zurückschreckende liebenswürdigkeit den jetzt lebenden weit überlegen sind.

    ich wünsche nichts sehnlicher als dafs mein kleiner beitrag recht bald über umfassenden arbeiten vergessen werden könne, und tröste mich inzwischen mit Hafis,

که گر میرم هم اندر راه میرم ؞

Ich will nun noch eine frühere nachlässigkeit gut machen. als ich den Titus[1]) von Bostra herausgab, übersah ich in meinen papieren folgende schon 1852 abgeschriebene stelle des Mus britann 12156:

[Syriac text]

---

[1]) die theologen, welche über die φιλοσοφούμενα reden, werden sich vielleicht auch mit der zeit auf den im Mai 1859 erschienenen Titus 135, 4-7 beziehn: Origenes ... lebte bis in die zeit des Decius und hat den Mani nicht erwähnt, obwohl er keinen einzigen der ἀἰρετικοὶ ausließ, welche usw. im original muſs Μάνου λόγου οὐδένα ἐπείσατο gestanden haben. die φιλοσοφούμενα sind freilich trotz dieser stelle sowenig von Origenes als sie von Hippolytus sind. vgl thesaurus epistolicus Lacrozianus II 47. 88.

Nachtrag.

Zu meiner freude finde ich, dafs A Nauck die vii erwähnte stelle des Sophocles in seinen euripideischen studien I 37 ebenso emendiert hat wie ich. vgl Lysis bei Valckenaer zu Eurip Hippol 18.

Index.

Aedistis 69	Hippolytus 71. 94	semit... ...r im	
ἀπεστρέφεσϑαι 64	Λάριττα 76	griech	
ա䧱ա䧱 73	ճօբ䧱ր p viii	sopha 8․	
βατιάκη viii	μάρσιπος 85	va ․․pa 60	
ԲօՉ viii	meerschaum 85	Titus 94	
δισσός 73	norden 87	δ 84	
ἐν αἴσῃ 60	pardonner 73	δրաք 84	
ἐπ' ἴσης 60	περκνός viii		
guêtre 60	riscus 85		

אֵיד 29 | כְּ 51. 54 | ܚܨ 80 | קָבַד 73
ܐܶ 63 | כ'ס viii | ܚܪܛ 85 | קרחים 74
אצל 63. 82 | כותֻם 62 | ܚܠ 75 | ܠܐܓ 85
אָרְנּ 85 | כרס viii | ܣ = ܨ 82. 85 | רַדַן 62
בחֵשׁ 42 | كمبيت 81 | צאה 90 | رضوان 62
צַיְחָד 75 | صراط 62 | ܨܒܕ 85 | שָׁכוֹ 81
הוֹצִיץ 82 | ܡܢܗܒ 76 | צך 70 | سماني 81
וּבְוֹ 41 | صنها 89 | ציקה 82 | ܥܕܕ ܥܕܕ 81
חִידָה 73 | ܚܨܘ 85 | צידה 37 | ܗܣܡ 71
הֶחָל 78 | ܚܨܘ 85 | ܨܢܐ = ܨܢܥ 36 ܬܘܫܚܐ 57
הֲרִי 62 | ܚܨܢܡ 85 | صراف 85 | |

Gen 38, 16: iii	Ez 43, 11: v	Luc 14, 7-11: 79
Reg a 1, 6: 41	Ioel 2, 8: v	Luc 16, 9: 33
Reg a 9, 12: iii	Amos 9, 1: v	Luc 16, 19: 48
Reg a 31, 10: iv	Ps 12, 9: 16	Rom 3, 15: 7
Isaj 30, 12: iv	Iob 11, 12: vi	Rom 13, 8: 8
Isaj 44, 13: iv 81	Iob 16, 4: vi	Gal 3, 24: 28
Isaj 45, 23: 14	Prov 4, 10: vii	Phil 1, 20: 43
Hier 2, 24: v	Prov 4, 14: vii	Phil 2, 8: 43
Hier 4, 31: 41	Prov 12, 17: vii	Hebr 2, 1: 15
Hier 49, 24: 41	Sirach 7, 26: 91	Ioh a 4, 1: 47
Ez 20, 37: v	Sirach 50, 9: 80	

Verbessere

viii 12 ܨܥ | 9, 15 ἔρχηται | 17, 19 ܨܚܠܐ | 60, 17 יִשְׁנָאֵהוּ |
69, 32 [וּבְנֵי] (ich hatte ursprünglich [וַשְׁנְיָא] drucken lassen).

ܘܣܘ ܣܥ ܣܥܘ ܢܥܕܪܢܝ؟

www.ingramcontent.com/pod-product-compliance
Lightning Source LLC
Chambersburg PA
CBHW020155170426
43199CB00010B/1052